Sehr gut
vegetarisch grillen

TORSTEN MERTZ

SEHR GUT VEGETARISCH GRILLEN

Stiftung Warentest

Inhalt

7 Sehr gut vegetarisch grillen

21 Salate und Snacks
  48 Grillen ohne Stress – Vorbereitung ist alles

51 Saucen, Dips & Pasten

63 Gemüse pur
  88 Umweltfreundlich grillen

91 Tofu, Tempeh & Seitan
  116 Vegetarische Fleischalternativen

119 Köstliches mit Käse
  144 Käsesorten für den Grill

147 Streetfood vom Grill

169 Der Grill als Ofen
  180 Menü-Vorschläge

183 Süßes vom Grill

202 Register

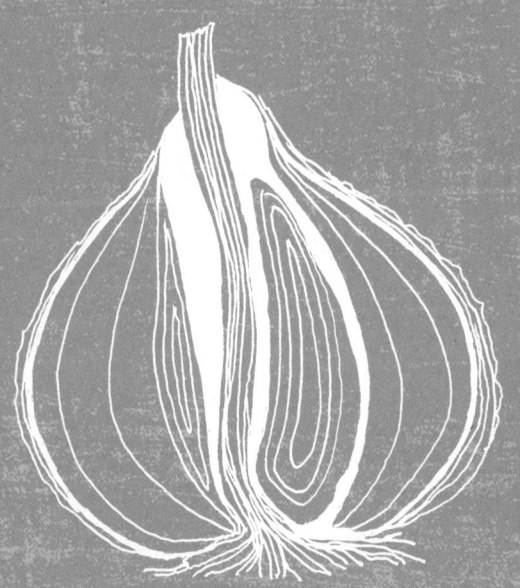

Sehr gut vegetarisch grillen

Grillen ohne Fleisch ist aufregend anders: Von Avocado und Apfel über Kürbis und Melone bis Zucchini und Zwiebeln landet jede Menge Obst und Gemüse auf dem Rost. Selbst gemachter Seitan, Tofu, Käse und Burgerpattys aus Kidneybohnen oder Champignons machen Ihren Grillabend zum kulinarischen Festschmaus, bei dem niemand etwas vermisst.

Die neue Königsdisziplin

Buntes vom Grill

Die Faszination des Menschen für das Feuer und darüber zubereitete Gerichte ist seit Urzeiten ungebrochen. Es steht für geselliges Beisammensein im Kreis der Familie und Freunde. In der Freude am Grillen lebt dieses ursprüngliche Gefühl fort – lediglich die Rezepte sind weiterentwickelt worden. Heute ist das Grillen ohne Fleisch die neue Königsdisziplin am Grill: eine Welt voller kreativer Ideen, mit schmackhaften Grillgerichten, die jeden begeistern.

Die Einladung zum Grillen war für Vegetarier lange, lange Jahre eine eher einseitige, wenn nicht frustrierende Erfahrung: Während sich die Anrichten unter Steaks, Fleischspießen, Würsten und vielerlei Fisch bogen, waren ein wenig abseits einige Brote mit Dips, ein, zwei Schüsseln Salat, Folienkartoffeln und vielleicht ein Maiskolben zu finden. Wie Grillrezepte ohne Fleisch funktionieren sollten, konnte sich außerhalb der Vegetarier-Szene niemand so recht vorstellen.

Bald gehörten zumindest ein paar Champignons, marinierte Zucchini- und Auberginenscheiben oder blanker Feta zum Standardangebot – die ersten vegetarischen Rezepte hatten es in die fleischlastige Welt des Grillens geschafft. Die meisten waren weder besonders einfallsreich noch speziell für den Grill angepasst, aber das Eis war gebrochen. Vegetarismus fand mehr und mehr Beachtung, und die steigende Verfügbarkeit spezieller Zutaten ermöglichte immer raffiniertere Rezepte.

Heute gilt vegetarisch oder gar vegan grillen nicht mehr als Unmöglichkeit oder als das Grillen von Beilagen, die nicht satt machen. Es wird von vielen als Herausforderung angesehen, Grillgerichte ganz neu zu denken und immer neue Geschmackswunder hervorzuzaubern. Wer die gesamte Palette an Gemüse, Obst, Hülsenfrüchten und Grillkäsen zur Verfügung hat, kann und wird seiner Kreativität freien Lauf lassen, um für den Grill optimierte, vegetarische Gerichte zu kreieren.

Vegetarische Grillgerichte sind aber nicht nur bunt und gesund, sie schonen auch das Klima. Bei der Produktion von Gemüse entsteht deutlich weniger klimaschädliches Kohlendioxid als bei der von Fleisch. Zum Vergleich: Ein Kilogramm Bio-Rindfleisch setzt in der Produktion 11350 g Kohlendioxid frei, ein Kilogramm frische Bio-Kartoffeln hingegen nur 150 g (Quelle: Öko-Institut).

Der Facettenreichtum der fleischlosen Grillküche hat viele neue Zutaten und Gerichte aus aller Welt auf den Rost gebracht. So erstreckt sich die hier abgedeckte Bandbreite von vollwertigen Gemüsegerichten, denen nichts mehr von Beilage anhaftet, über die Tofu- und Seitan-Versionen traditioneller Grillgerichte sowie (teils veganen) Käsehighlights bis hin zur international inspirierten Streetfood-Vielfalt. Und zum Abschluss gibt es – wie sollte es anders sein – feine Desserts vom Grill.

Einige der Rezepte in diesem Buch sind internationalen Grillklassikern nachempfunden, andere hat man noch nicht so häufig auf dem Rost angetroffen. Viele Gerichte sind einfach und schnell zubereitet, nur bei wenigen muss längere Zeit gewartet werden – wobei Sie die Zeit, in der Ihr indischer Panir-Käse in einer Marinade aus Knoblauch, Ingwer, Minze und weiteren Gewürzen liegt, auch für Deko, Dips und Dessertvorbereitungen nutzen können. Einige der Rezepte benötigen Arbeitsflächen und verschiedenes Grillzubehör oder sollten bis zur Zubereitung gekühlt werden: Sie lassen sich schlecht transportieren und sind eher für das Grillfest auf Terrasse oder Balkon geeignet. Viele Gerichte lassen sich aber gut mit in den Park, auf die Wiese oder an den Stadtstrand mitnehmen.

Allen Rezepten dieses Buches ist gemeinsam, dass sie Abwechslung bringen und neue Geschmackserlebnisse versprechen. Sollten Sie also beim nächsten Grillevent Ihren buntgemischten Freundeskreis an einen Tisch bringen, planen Sie nicht nur den Hunger der vegetarischen und veganen Fraktion ein, sondern auch den Appetit der Fleischesser: Erfahrungsgemäß werden auch sie bei den Gerichten aus diesem Buch gerne zugreifen.

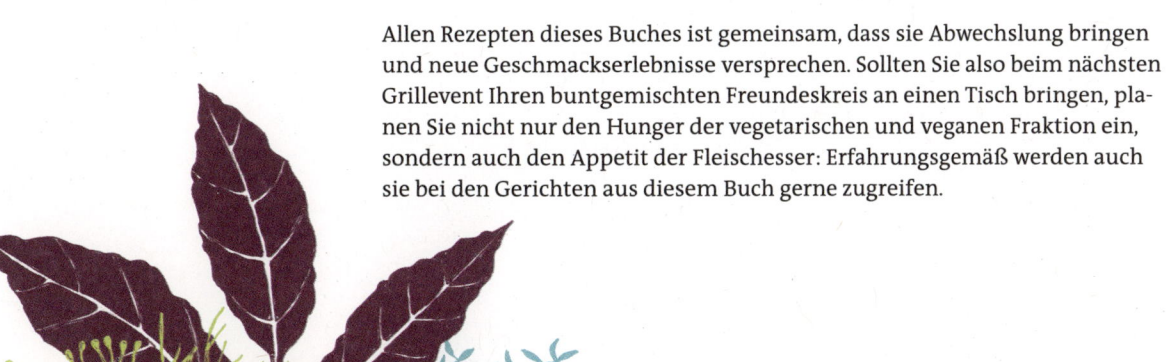

Kleines Grill-Einmaleins

Wie grille ich richtig und was benötige ich dafür?

Egal ob Grillen mit Fleisch oder rein vegetarisch – es schadet nicht, ein bisschen Grilltheorie zu kennen. Die Art des Grillens oder das Grillgerät trägt maßgeblich zu einem köstlichen Endergebnis bei. Zum Bespiel kann das Grillgut über der Glut rösten oder neben der Glut garen. Es kann direkt auf den Rost, auf Grillschalen oder Grillsteine gelegt, in Alufolie oder Bananenblätter gewickelt, am Stück zubereitet oder gewürfelt auf Spieße gesteckt werden. Wir verraten Ihnen, welche Grillmethoden Sie kennen sollten und welche Ausrüstung Sie brauchen, um sehr gut vegetarisch zu grillen.

Direktes Grillen

Bei der klassischen Methode wird das Grillgut unmittelbar über der Hitzequelle auf dem Rost platziert. Temperaturen zwischen 180 und 250 °C am Rost sind ideal für Zutaten mit kurzen Garzeiten – etwa Spieße mit würfelgroßen Stücken – oder Speisen, die knusprig angeröstet und gern auch etwas dunkel werden sollen – wie Grillkäse, Tofu- und Seitanwürstchen, Burger oder geröstetes Brot. Auch für Gemüse eignet sich direkte Hitze sehr gut: Sie garantiert schöne Grillmuster und die gewünschten Röstaromen. Beim direkten Grillen passiert es schnell, dass die Speisen verbrennen. Deshalb sollte man die Grillfläche in drei Temperaturzonen aufteilen, damit das Grillgut auch in weniger heiße Zonen gebracht werden kann. Temperaturzonen erreicht man durch unterschiedliche Kohlenmengen sowie die Variation des Abstands von Rost zu Glut. Die Form des Grillens, die es wohl schon bei den Steinzeitmenschen gab, ist das direkte Grillen in der Glut. Das Grillgut wird in die Glut gelegt, in Alufolie verpackt oder geschützt durch die eigene Schale. Die verbrannte Schale wird vor dem Verzehr entfernt.

Indirektes Grillen

Diese Variante ist sanfter und langsamer, weil das Grillgut nicht über, sondern neben die Glut gelegt wird. Das Innere des Grillguts gart dabei in etwa so lange wie die Oberfläche. Voraussetzung ist ein geschlossenes Grillsystem wie beispielsweise ein Kugelgrill. Der Kohlenverbrauch ist beim indirekten Grillen deutlich geringer als beim offenen, direkten Grillen, da die Hitze nicht mehr ungenutzt nach oben entweicht.

Welcher Grill passt zu mir?

Die Entscheidung, ob es ein Holkohle-, Gas- oder Elektrogrill sein soll, hängt vor allem von Ihren Bedürfnissen und Möglichkeiten ab. Wenn Sie einen Garten haben und den Umgang mit offener Glut nicht scheuen, ist ein Kohlegrill die erste Wahl. Bequemer, flexibler und sauberer ist sicherlich ein Gas- oder Elektrogrill. Ist das Modell verschließbar, erhöhen sich die Zubereitungsvarianten.

Offener Grill

Dieses klassische Gerät ist in zahlreichen Varianten zu bekommen – und auch in allen Preislagen. Leider kann man auf einem offenen Grill nicht indirekt Grillen, sodass die Möglichkeiten beschränkt sind. Sie eignen sie sich vor allem für Grillgerichte, die nur kurz gegrillt werden und oft gewendet werden müssen.

Kugelgrill

Der Kugelgrill ist die sinnvolle Weiterentwicklung des offenen Grills. Auf dem Rost kann man wie gewohnt direkt über der Glut grillen. Geschlossen funktioniert er wie ein Backofen: Heiße Luft umströmt das Grillgut von allen Seiten. Es ist nicht nötig und auch nicht sinnvoll, den Zustand des Grillguts ständig zu prüfen und dafür den Deckel anzuheben, man grillt nach Temperatur. Dafür ist im Deckel ein Thermometer eingebaut. Auch die Lüftungsklappen an der Seite oder am Boden des Brennstoffbehälters dienen der Temperaturregulierung.

Oben: Kugelgrill
Unten: Gasgrill

Grillroste gibt es aus verchromtem Stahl, Edelstahl oder Gusseisen (unten).

Tipps für Reinigung und Pflege des Grills

Den Grillkörper reinigen Sie am besten mit einem Lappen und Spülmittel – niemals einen Stahlschwamm oder eine Stahlbürste einsetzen. Die kommen jedoch bei Edelstahlgrills zum Einsatz. Den Innenraum des Grills nur leicht abbürsten. Fettansammlungen entfernen, sonst kann Fettbrand entstehen.

Grillroste sollte man noch im heißen Zustand mit einer Bürste grob reinigen, Gusseisenroste anschließend mit Öl behandeln. Edelstahl- und verchromte Roste können Sie bei grober Verschmutzung in feuchtes Papier einwickeln, nach ein paar Stunden löst sich selbst gröbster Schmutz. Vor Auflegen des Grillguts sollte man immer den heißen Rost mit einer Metallbürste reinigen und anschließend Öl auftragen.

Gasgrill

Wer häufig grillt, für den lohnt eventuell die Anschaffung eines Gasgrills. Sie sind meist deutlich teurer als die anderen Grillvarianten und recht kompliziert aufzubauen. Dafür bieten sie auch einige Vorteile: Es entsteht kein Rauch, besonders gut bei empfindlichen Nachbarn. Außerdem werden sie schnell heiß und brennen sehr lange. Die Temperatur lässt sich mit Reglern steuern.

Elektrogrill

Er ist vom Grillen auf offener Flamme so weit entfernt wie der Traubensaft vom Wein. Aber auf kleinen Balkonen oder vom Vermieter verhängten Grillverboten sind sie eine Lösung. Eine Steckdose ist jedoch Grundvoraussetzung. Auf Elektrogrills kann man nur direkt grillen.

Checkliste für den Grillkauf

Offener Grill: Der Grill sollte einen höhenverstellbaren Rost und einen Windschutz haben.

Kugelgrill: Nicht zu klein kaufen, sonst passt nicht genug Kohle hinein. Der Aschebehälter sollte abnehmbar sein, das erleichtert die Reinigung. Ein Thermometer sollte nicht fehlen. Der Deckel ist idealerweise mit einem Scharnier am Grill befestigt.

Gasgrill: Die Testurteile der Stiftung Warentest und die CE- oder TÜV-Prüfzeichen geben eine Orientierung für sichere Qualität. Drei bis fünf Brenner, die von links nach rechts angeordnet sind, sind optimal. Das indirekte Grillen oder Einrichten verschiedener Hitzezonen ist so leichter. Praktisch sind auch ein geschlossener Wagen (für die Gasflasche) und eine seitliche Ablage für das Grillzubehör.

Verarbeitung: Es sollte keine scharfen Kanten geben. Der Grill muss sicher stehen und die Griffe sollten stabil sein.

Material: Am besten ist emailliertes Stahlblech, da es pflegeleicht und unempfindlich ist.

Grillrost: Ideal sind klappbare Varianten, da man so leichter an die Glut kommt. Sie werden meist aus verchromtem Stahl mit dem Grill geliefert. Einfacher zu reinigen und länger lebiger sind jedoch Roste aus Edelstahl oder Gusseisen.

Sonstiges: Falls Räder am Grillstativ vorhanden sind, sollten sie nicht zu klein sein.

Kohle oder Briketts?

Kohle. Holzkohle lässt sich schnell entzünden und brennt mit bis zu 700 °C in der Regel heißer als Briketts. Sie eignet sich vor allem, wenn man Kurzgegrilltes wie Seitanwürstchen zubereiten möchte. Holzkohle aus heimischem Buchenholz, am besten aus nachhaltiger Forstwirtschaft, ist empfehlenswert. Beim Einkauf auf das Logo des FSC (Forest Stewardship Council) und das Logo DINplus für Kohle gemäß DIN EN 1860–2 achten.

Briketts (links) und Holzkohle (rechts)

Briketts. Sie bestehen aus gepresstem Kohlestaub und kleinen Kohlestücken. Briketts erzeugen eine einheitlichere Glut als Holzkohle. Sie sind schwerer entzündbar, brennen dafür aber länger als Holzkohle, jedoch werden sie nicht so heiß. Dennoch empfehlen sich Holzkohlebriketts, wenn Sie mehrere Grillgerichte nacheinander zubereiten wollen, oder bei Grillgut mit langen Garzeiten. Briketts aus Braunkohle, sogenannte „Grillbriketts", sollten nicht verwendet werden.

Verschiedene Arten von Grillanzündern: flüssiger Paraffinanzünder, Holzwollmäuse, fester Paraffinanzünder, Holzwürfel (im Uhrzeigersinn)

Grillanzünder. Von Benzin, Brennspiritus und Lampenöl als Grillanzünder ist wegen Verbrennungsgefahr dringend abzuraten. Auch zerknülltes Papier ist bei Holzkohle recht wirkungslos. Kiefernzapfen verbrennen nicht nur zu schnell und sind wahre Funkenschleudern, sie setzen auch ungesunde Stoffe frei. Umweltfreundliche Grillanzünder gibt es aus wachs- oder ölgetränkten Holzfasern (Holzwollmäuse oder Würfel). In Kombination mit einem Anzündkamin funktionieren diese am besten. Als Anzündehilfe direkt im Grill sind sie eher nicht zu empfehlen. Beim letzten Test von Stiftung Warentest war das Anzündespray „Startfire" für diese Anwendung deutlich überlegen. Erst wenn die Anzündhilfe vollständig verbrannt ist, gehört das Grillgut auf den Rost.

Achten Sie bei Anzündkaminen auf das Material: Produkte aus Edelstahl sind sicherer als solche aus lackiertem Eisen.

Drahtbürsten machen das Reinigen des Grills einfach.

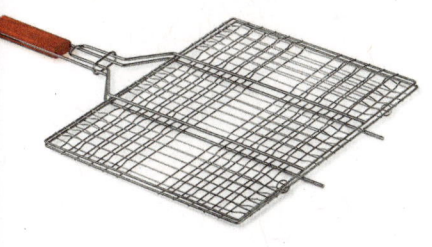

Grillhandschuhe sind zur eigenen Sicherheit beim Grillen unbedingt empfehlenswert.

Grillgitter eignen sich sehr gut, um Burger, Käsescheiben und Co. zu wenden.

Wann kann's losgehen?

Bei den meisten Rezepten ist die exakte Temperatur nicht entscheidend – los geht's, wenn die rote Glut von einer feinen weißen Ascheschicht überzogen ist. Lediglich bei den Rezepten, die den Grill als Backofen verwenden (ab Seite 169), sollte die Temperatur möglichst stimmen: Bessere Grillgeräte haben dafür ein Thermometer im Deckel. Die Handprobe: Halten Sie Ihre Hand etwa 10 cm über den Rost. Können Sie sie etwa 6 bis 8 darüber belassen, beträgt die Temperatur etwa 160 bis 180 °C, ideal für indirektes Grillen. Sind es nur 2 bis 3 Sekunden, beträgt die Temperatur über 250 °C, perfekt für direktes Grillen.

Die Hitze lässt sich mit kleinen Maßnahmen variieren. Am schnellsten geht es, den Rost einfach eine „Etage" höher oder tiefer einzuhängen. Auch durch das Verteilen oder Zusammenschieben der Glut wird die Hitze variiert. Echte Grillmeister legen so zwei oder mehr Temperaturzonen an: neben starker Hitze kann so ein Bereich mit geringer oder sogar indirekter Hitze geschaffen werden.

Sicherheit geht vor

Auch bei einer „gezähmten" Grillglut können Funkenflug und kleine Stichflammen entstehen. Das oberste Gebot lautet daher wie immer: Aufpassen.

Feuerfeste Handschuhe sollten in Reichweite liegen – besonders ein Anzündkamin kann sehr heiß werden. Um den Grill herum sollten sich keine leicht entzündlichen Gegenstände befinden.

Fettbrand niemals mit Wasser löschen. Am besten erstickt man das Feuer mit dem Grilldeckel oder einer Abdeckung.

Was brauche ich sonst noch?

Das Angebot ist groß, aber für einen gelungenen Grillabend braucht man gar nicht so viel. Hier erfahren Sie, was abgesehen von einem Anzündkamin noch nützlich ist.

Drahtbürsten. Nach der Party kommt der Kater – der Grill muss gereinigt werden. Borsten aus Messing oder rostfreiem Draht eignen sich dazu am besten. Am einfachsten gelingt die Reinigung direkt nach dem Grillen, wenn der Grill noch etwas warm ist.

Grillgitter. Sehr praktisch sind Grillgitter mit Griff zum Einklemmen des Grillguts. Sie eignen sich hervorragend für die Burgerpattys, Käsescheiben, Sandwiches und Quesadillas ab Seite 147 – alles, was beim Wenden leicht zerfallen würde. Auch mehrere Gemüsestücke lassen sich so gleichzeitig einfach und schnell von einer auf die andere Seite drehen. Das Grillgut kann so nicht mehr durch den Rost rutschen und in die Glut fallen.

Grillhandschuhe. Metallene Spieße, Alufolienpäckchen und Keramikschälchen können sehr heiß werden. Will man sie wenden oder bewegen, sind feuerfeste Handschuhe mehr als praktisch. Auch beim Einfüllen der Glut aus dem Anzündkamin sollten sie getragen werden.

Grillpfanne und Grill-Gussplatte. Die echte Grillpfanne, mit der sich auf dem Kohle- oder Gasgrill braten lässt, ähnelt einer Pfanne, wie sie in der Küche genutzt wird: Sie hat einen Stiel, der idealerweise nicht heiß wird, und besteht meist aus Gusseisen – ist aber auch aus emailliertem Stahl, aus Edelstahl oder gar antihaftbeschichtet erhältlich.

Sie lassen sich nutzen wie die glatten Seiten von Grill-Gussplatten: Für den Veggie-Burger von Seite 164, für Bratlinge, für gefüllte Champignons und Austernpilze (Seite 141 und 166), für Fladen oder die bunte Frittata von Seite 170. Die Grill-Gussplatte besitzt zusätzlich eine geriffelte Seite, die dadurch auch empfindlichen oder kleinen Zutaten das typische Grill-Muster verleihen kann.

Grillschale. Für kleinteiliges Grillgut wie die Rote-Bete-Scheiben im Feldsalat von Seite 67, die sonst durch den Rost fallen würden, für besonders weiche Zutaten wie unsere gefüllten Grilltomaten von Seite 79 oder für Spitzkohlrouladen (Seite 84) ist eine gelochte Grillschale sinnvoll. Die verhindert auch, dass Marinade oder Fett in die Glut tropfen und ungesunde Dämpfe erzeugen. Beachten Sie, dass Grillschalen den Grillprozess verlangsamen, da die Hitze nicht mehr direkt an das Grillgut gelangt. Grillschalen, die häufiger verwendet werden können, sind aus Edelstahl oder Emaille. Sie sind für das Reinigen in der Spülmaschine geeignet und für einen günstigen Preis erhältlich. Nicht zu empfehlen sind Einweg-Grillschalen aus Aluminium.

Grillzange. Sie gehört unbedingt dazu – am besten in doppelter Ausführung: Mit der einen wird das Grillgut gewendet, die andere darf mit weniger Schmackhaftem in Kontakt kommen: Kohle, Grillrost und Grillanzünder. Die Zangen sollten langstielig sein und präzise greifen. Ob Sie sie aus Metall oder aus Holz bevorzugen, ist eher Geschmackssache.

Pinsel. Damit können Sie zu Anfang den Grillrost einölen. Wenn Sie auch das Grillgut mit Marinaden oder Saucen bestreichen wollen, sollte zumindest ein weiterer Pinsel zum Einsatz kommen – etwa ein Silikonküchenpinsel: Der lässt sich einfacher reinigen, zum Beispiel in der Spülmaschine.

Pizzastein: Mit so einem Stein kann man auf dem Grill die Pizzen und Flammkuchen von Seite 172 und 174 zaubern. Dabei eignet sich ein Grill oftmals sogar besser als ein Haushaltsbackofen, da im Grill (mit Deckel) höhere Temperaturen erreicht werden – fast wie in einem echten Steinbackofen. Hier ist eine Temperatur von 300–350 °C zu empfehlen. Der Pizzastein wird etwa 30 Minuten vor Beginn auf den Rost gelegt und zusammen mit dem Grill aufgeheizt. Wichtig ist, um den Pizzastein herum noch mindestens 3 cm Luft zum Rand zu lassen, damit sich darunter keine Hitze staut.

Pfannenwender oder Spachtel. Ein breiter, flacher Pfannenwender aus Edelstahl (Hebefläche mind. 10 cm Breite) ist ideal, um empfindliches Grillgut anzuheben, das bei Verwendung einer Grillzange zerbrechen würde. Daneben tut ein großer Spachtel aus dem Baumarkt gute Dienste.

Spieße. Am besten eignen sich solche aus Metall: Sie leiten die Hitze in das Grillgut und lassen sich mehrfach verwenden. Sie sollten nicht rund sein, sondern flache Klingen besitzen: Nur so wird das Grillgut beim Drehen des Spießes mitgewendet. Zu Gerichten wie den Tempeh-Saté- oder den Indischen Panir-Spießen (Seite 92 bzw. 124) passt Bambus einfach besser – auch hier eignet sich die Klingen-Variante besser. Holzspieße sollten Sie vor der Verwendung etwa eine halbe Stunde wässern, sonst verbrennen Sie ihnen auf dem Grill. Eine noch raffiniertere Alternative sind Kräuterzweige wie Rosmarin oder Zitronengrasspieße.

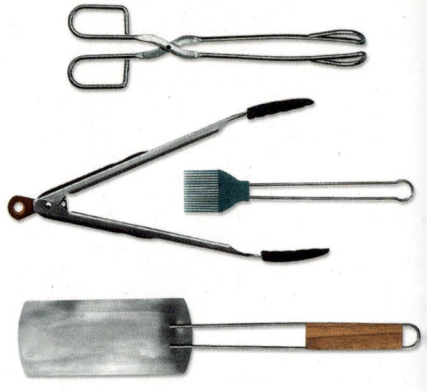

Von Grillzangen und Pinsel über Grillpfannen bis hin zu Holzspießen und Geschirr: Das Equipment für echte Grillfans ist vielfältig.

Portionsschalen. Kleine feuerfeste Schalen oder Auflaufformen mit Deckel aus Keramik bieten sich für alle Rezepte an, bei denen kleingeschnittenes Gemüse und Käse geschmort wird. Die Schalen sind eine gute Alternative: Sie verringern den Verbrauch umweltschädlicher Aluminiumfolie, sehen stilvoll aus und lassen sich gut servieren. Das Grillgut gart in den Schalen etwas langsamer als in Aluminiumfolie.

Was kommt auf den Grill?

Vegetarischen und veganen Grillfreunden steht fast die ganze Welt des Gemüses und Obstes offen. Welche Sorten sich besonders gut eignen – und wie man sie zubereiten kann –, zeigt Ihnen diese kleine Warenkunde.

Gemüse und Pilze

Fenchel. Nicht jedem sagt das etwas spezielle Aroma von Fenchel zu. Aber es gibt auch Gerichte, die nur mit der Andeutung der Fenchelnote spielen, wie der Tomaten-Fenchel-Schafskäse-Schmaus von Seite 133. Dort werden die Knollen in dünnen Streifen zubereitet. Wer den Geschmack bewusst betonen möchte, grillt die Knollen im Ganzen oder halbiert.

Kartoffel. Zum Grillgemüse schlechthin muss man nicht mehr viel sagen. Von Klassikerrezepten mit Rosmarin oder wilder Frankfurter grüner Sauce (Seite 34 bzw. 64) über bunte Kartoffelspieße bis zu den selbst gemachten, knusprigen Chips (Seite 37) – probieren Sie die Kombinationen und Varianten aus, die Ihnen Spaß machen!

Kürbis. Früher wuchs in heimischen Gärten vor allem der „Deutsche Zentner", einen Riesenkürbis mit wässrigem Fruchtfleisch, der meist süßsauer eingelegt wurde. Heute finden Sie auf den Märkten Sorten von Hokkaido- bis Zierkürbis in allen Größen und für jeden Geschmack. Größere Kürbisse lassen sich sehr gut pur oder mit Ingwer-Kokos-Glasur als Spalten oder fingerdicke Scheiben auf dem Grill rösten. Minikürbisse ergeben gefüllt ein vollwertiges Gericht inklusive „Schale" – wie die Gerichte auf Seite 83 beweisen.

Mais. Der Standard jedes Barbecues schmeckt im Reifezustand süß und zart. Am einfachsten wird er durch Kochen vorgegart, auf dem Grill geröstet und mit einer Buttermischung bestrichen – etwa mit der Limettenbutter von Seite 72. Wer Maiskolben in Blättern erwerben kann, sollte ihn ungeschält grillen – dann verbrennen die Blätter, nicht der Kolben. Auch in Scheiben – mit Gemüse und Tofu auf Spieße gesteckt wie auf Seite 108 – oder als Füllung für die Quesadillas auf Seite 155 eignet sich Mais sehr gut.

Paprika. Allein die vielfältigen schönen Farben erwecken Lust, die Schoten sofort anzubeißen: Paprika ist eines der beliebtesten Grillgemüse. Am besten schmeckt die rote Variante, die grüne wird beim Grillen leicht bitter. Paprika verträgt gut direkte Hitze, passt zu fast jedem Spieß und kann mit den verschiedensten Füllungen veredelt werden. Sehr zu empfehlen sind unsere mit Tofu-Spinat-Füllung auf Seite 96, die Variante mit Couscous, Mandeln und Datteln von Seite 70 und die Risottofüllung (Seite 74).

Pilze. Da sie einen hohen Wassergehalt haben, werden sie beim Grillen kleiner. Platz, in dem sich andere Aromen breitmachen können: etwa Marinade oder Manchego-Käse mit getrockneten Tomaten (Seite 141). Der große Hut einiger Pilze lässt sich gut füllen oder als Patty für Burger verwenden (Seite 150), kleine Pilze können wie auf Seite 65 in verschiedenster Kombination auf Gemüsespieße gesteckt werden.

Rote Bete. Der leicht süßliche, erdige Geschmack des vitalstoffreichen Gemüses erfreut sich seit einigen Jahren wieder wachsender Beliebtheit. Inzwischen wurden alte Sorten wiederentdeckt, die gelb oder innen rot-weiß gestreift sind. So sind dem Rote-Bete-Birnen-Carpaccio von Seite 30 farblich keine Grenzen gesetzt. Auf dem Grill lässt sich das Gemüse mit etwas Öl, Pfeffer und Salz scheibenweise grillen und etwa mit Käse und Nüssen anrichten (Seite 67). Sogar Hummus und Chips kann man aus der Roten Bete zaubern (Seite 57 bzw. 39).

Süßkartoffel. Lange wenig bekannt, wurden Süßkartoffeln in den letzten Jahren immer beliebter – was nicht zuletzt an ihrem nussig-süßlichen Geschmack liegt, der etwas an das Fleisch von Hokkaidokürbis und Möhren erinnert. Kräftige, aromatische Zutaten wie die Nuss-Steinpilz-Marinade von Seite 76 können sich neben ihnen wunderbar entfalten. Sie passen aber auch gut in bunte Gemüsepäckchen wie auf Seite 44 bzw. 71.

Tomate. Weil das Anden-Gemüse so wunderbar auch in heimischen Gärten wächst, sollte man unbedingt auf die saftige regionale Variante zurückgreifen. Zum Grillen am Spieß sowie auf Pizza und Flammkuchen eignen sich kleine Cocktailtomaten am besten. Unbedingt ausprobieren sollten Sie auch eines unserer Lieblingsgerichte: die riesigen Ochsenherztomaten von Seite 79. Sie lassen sich wunderbar füllen.

Zucchini. Die gurkenähnlichen Zucchini können so groß wie Kürbisse werden, allerdings verlieren sie dann Aroma und werden holzig. Idealerweise sollten sie beim Einkauf zehn bis 15 cm lang sein und nicht mehr als 200 Gramm wiegen. Als Gemüsespieße mit Miso-Glasur oder mit Käseröllchen wie auf Seite 80 bzw. 123 eignen sie sich sehr gut, denn sie werden schnell gar. Allerdings haben sie wenig Eigengeschmack und wollen daher kräftig gewürzt werden. Sie harmonieren gut mit Auberginen, Tomaten und Zwiebeln – etwa im Ratatouille von Seite 68, das sich im Porzel-

Fenchel, Maiskolben, Kürbisse, Süßkartoffeln oder Rote Bete: Beim Gemüse sind den Grillfreuden fast keine Grenzen gesetzt.

Auch viele Obstsorten machen sich erstaunlich gut auf dem Grill, zum Beispiel Avocado, Mango, Pflaumen, Pfirsiche oder Melone.

lanschälchen oder in Alufolie auch gut auf dem Grill zubereiten lässt.

Zwiebel. Ihr kräftiges Aroma nimmt beim Grillen und Garen eine leicht süßliche Note an. Die großen, milden Gemüsezwiebeln können beispielsweise mit Couscous und Feta oder Räuchertofu gefüllt werden wie in den Rezepten von Seite 86 und 104. Für Spieße sind dagegen die kleinen weißen oder roten Geschwister besser geeignet – etwa zusammen mit Yakitori-Hühnchen oder Halloumi. Direkt auf dem Rost – mit etwas Öl bestrichen, gesalzen und gepfeffert, lassen sich Frühlingszwiebeln gut als köstliche Beilage zubereiten. Ihr Grün kann wie Schnittlauch verwendet werden.

Obst

Apfel. Süß oder sauer, rot, grün oder gelb – vor allem knackig sollen sie sein. Roh als Stückchen in Salaten, als kleine, angegrillte Schnitze oder als umwerfend süßer Bratapfel wie auf Seite 192 – das Lieblingsobst der Deutschen passt zu jedem Grillevent.

Avocado. Wenn ihre Schale auf Druck leicht nachgibt, ist die Frucht zum Verzehr geeignet. Nährstoffreich und voller gesunder Fette, lässt sie sich als Guacamole zubereiten, schmeckt zusammen mit Chili und Käse in einer Quesadilla (Seite 155) oder lässt sich direkt auf dem Rost grillen und als Schälchen mit Salsa befüllen (Seite 32).

Banane. Kein Geheimnis: Bananen passen perfekt auf den Grill. Dank ihrer Schale können sie direkt auf den Rost gelegt werden. Verfeinern können Sie die Zubereitung durch unter die Schale gesteckte Marshmallows und Schokolade – oder Sie flambieren die geschälte heiße Banane für Ihre Gäste. Wir

empfehlen die Palatschinken-Bananen-Spieße von Seite 191.

Kochbananen können roh erst dann gegessen werden, wenn ihre Schale fast gänzlich schwarz ist. Die unreifen, grünen Früchte werden in Scheiben geschnitten und gekocht – oder zu Bananentalern frittiert wie auf Seite 112.

Mango. Vollreife, süße Mangos mit gelbrotem Fruchtfleisch sind in unseren Breiten selten zu bekommen – nur als Flugmangos, die aus ökologischer Sicht sehr bedenklich sind. Sowohl sie als auch die nachgereiften Früchte sind vom Rost ein perfekter Nachtisch: dank ihrer milden Säure passen sie wunderbar zu einer milden Panna cotta (Seite 188). Aber auch zusammen mit Nusstofu auf Spießen schmecken sie fantastisch.

Melone. Sie gilt als kühler Durstlöscher, auf dem Rost findet man sie dagegen selten. Dabei ist gegrillte Melone ein unerwartetes Geschmackserlebnis, das schnell geht und auch noch originell ist. Wasser- und Honigmelonen gelingen als fingerdicke Scheiben oder als Spieße (Seite 131). Eventuell mit Salz und Pfeffer würzen und dann ca. 10 Minuten leicht knusprig grillen. Dazu passen auch ein paar Tropfen Balsamico.

Orange. Besonders im Winter, wenn sie Saison haben, machen sich gegrillte Orangen als Dessert hervorragend auf dem heimischen Rost. Wunderbar lassen sich die heißen Früchte mit feinem Orangenlikör wie auf Seite 197 flambieren: Ein Fest für alle Sinne. Aber auch fruchtig-vitaminreich in Salaten wie dem von Seite 27 passen sie perfekt.

Pfirsich. Reif bringen sie schon roh ein umwerfendes Aroma mit. In Folie geschmort oder direkt auf dem Rost gegrillt, wird dies noch einmal verstärkt:

Ein Geschmack wie der pure Sommer. Die Zubereitung geht ganz einfach: Pfirsiche halbieren, Kern entfernen und je nach Wunsch mit etwas Honig oder Ahornsirup bestreichen. Gegrillte Pfirsiche schmecken auch sehr gut mit gesüßtem Mascarpone, Vanillecreme oder Zabaione. Oder lassen Sie Ihre Gäste den Pfirsich-Amaretto-Traum von Seite 184 träumen.

Zwetschge. Die ovalen, blauvioletten Früchte sind eine Pflaumenart, deren Fruchtfleisch sich im Vergleich zu ihren runden Verwandten leicht vom Stein löst. Es ist deutlich fester und behält dadurch auch beim Grillen seine Form. Am Spieß gegrillt, mit etwas Zucker und Zimt bestreut oder auch spektakulär flambiert, ergeben sie ein hervorragendes, leichtes Grilldessert (Seite 197).

Getreide

Ganz links: Bulgur, im Uhrzeigersinn Buchweizen, Grünkern, Polenta und Reis

Bulgur. Für die Herstellung wird v. a. Hartweizengrieß verwendet: Er wird eingeweicht, anschließend dampfgegart und nach dem Trocknen in unterschiedliche Feinheitsgrade gemahlen. Beim Kochen muss er dadurch nur kurz in Wasser eingeweicht werden. Bulgur ist die Grundlage für Taboulé (Seite 42), passt aber auch perfekt in eine Ochsenherztomatenfüllung (Seite 79).

Couscous. Traditionell werden aus Hartweizengrieß, Hirse oder Gerste kleine Kügelchen von Hand gerollt und dann in Wasserdampf gedämpft. Mittlerweile gibt es aber Instantvarianten im Handel, die nur noch aufquellen müssen. Couscous eignet sich gut zum Füllen von Paprikaschoten und Gemüsezwiebeln (Seiten 70, 86), kann aber auch als knalliger Salat serviert werden (Seite 22).

Grünkern. Wird unreifer Dinkel – wegen des würzigen Aromas – über dem Herdfeuer, im Backofen oder in speziellen Darren getrocknet, entsteht Grünkern. Er eignet sich sehr gut als Bratling auf klassischen Burgern (Seite 165), aber auch als kräftige Füllung für Gemüse.

Polenta. Der Maisgrieß hat einen leicht süßen Eigengeschmack und kann herzhaft wie süß zubereitet werden. Erkaltet, wird er fest – dann kann er in beliebige Formen geschnitten und anschließend gegrillt werden. Als vielseitige Beilage empfehlen wir die pfeffrigen Polenta-Taler von Seite 40. Für alle, die es lieber süß mögen, schlagen wir die süßen Polentaecken mit Vanilleeis von Seite 198 vor.

Reis. Cremiger Rundkorn- bzw. Risottoreis, duftender Langkorn- oder Basmatireis, Klebreis und der dunklere Naturreis: Das wichtigste Getreide der Welt kommt in den verschiedensten Formen auf den Teller. Es passt zu vielen Gerichten als Beilage, eignet sich aber ebenso gut als Füllung für Gemüse, etwa etwa beim Risottoreis in Paprika mit Tomaten-Aprikosen-Sauce (Seite 74).

Zu den Rezepten

Mengenangaben. Die Rezepte in diesem Buch sind in der Regel für vier Portionen ausgelegt. Hier sind bewusst nicht vier Personen gemeint, denn über den Hunger Ihrer Gäste kann nur gemutmaßt werden. Und meist kommt beim Grillen ja nicht nur ein Gericht auf den Teller. Sie können also beispielsweise mit acht Spießen zwei, vier oder auch acht Personen erfreuen.

Die Angaben zur Menge der verwendeten Gewürze und Kräuter, zu Salz und Pfeffer oder zu Knoblauch, Ingwer und Chili sind als Richtwerte zu verstehen. Würzen ist vor allem Geschmacks-, aber auch Gefühlssache. Hier dürfen Sie etwas experimentieren und sich auf Ihr Gespür verlassen. Denn anders als beim Kochen am Herd lässt sich während des (indirekten) Grillens meist nicht nachwürzen.

Vegan grillen. Auch für diejenigen, die gänzlich auf tierische Produkte verzichten möchten, eignen sich die meisten der hier vorgestellten Rezepte. Bei Gerichten, die Käse oder Eier enthalten, ist häufig eine vegane Alternative angegeben. Als pflanzlicher Ersatz für Butter eignet sich oft Margarine, als Ersatz für Sahne bieten sich Soja-, Reis- und Hafersahne an. Um Eier zu ersetzen, empfiehlt sich ein veganes Ei-Ersatzpulver oder auch Kichererbsenmehl, das mit etwas Wasser angerührt wird. Wenn Sie fertige fleischfreie Grillwürste oder -steaks kaufen, achten Sie darauf, dass sie wirkliche vegan sind und weder Hühnerei noch Milchbestandteile enthalten. Über veganen Grillkäse erfahren Sie mehr ab Seite 144.

Zubereitungs- und Garzeiten. Vor allem bei Gemüse hängt es ein wenig von Ihren persönlichen Vorlieben ab, ob Sie ein Gericht als ausreichend gar empfinden oder nicht. Die Angaben in den Rezepten dieses Buches sind daher als Richtwerte zu verstehen, die auch in Abhängigkeit vieler weiterer Parameter variieren können. Dazu gehören die Größe der einzelnen Stücke des Grillguts, die Hitze der Glut, der Abstand des Rosts bzw. der Grillplatte von der Glut und vieles andere. Hier gilt es, ein Gefühl für den eigenen Grill und die einzelnen Zutaten zu entwickeln. Das gelingt nicht unbedingt beim ersten Mal. Lassen Sie sich von den vorgestellten Rezepten inspirieren und trauen Sie sich ruhig, zu variieren und Ihrer Fantasie freien Lauf zu lassen. Erfahrung und Inspiration sind die besten Köche.

Symbole als Orientierungshilfe

An den Rezepten werden Ihnen immer wieder kleine gestempelte Symbole begegnen, die der schnellen Orientierung dienen sollen. Wird für das Rezept ein geschlossener Grill benötigt, ist das durch den kleinen Kugelgrill erkennbar. Das kleine Pflänzchen markiert die veganen Rezepte und was ideal zum Mitnehmen ist, erkennt man am Korb-Symbol. Am Gabel-und-Löffel-Symbol lässt sich schnell die Portionszahl ablesen und wer Genaueres über die Nährwerte pro Portion erfahren will, schaut beim Gewicht nach. Das Uhrzeit-Symbol zeigt Ihnen die Gesamtdauer für die Zubereitung eines Gerichts an. Wenn es rot ist, versteckt sich im Hintergrund weitere Zeit, die für Sie jedoch keinen Aufwand bedeutet, etwa wenn Zutaten mehr als zwei Stunden marinieren oder einweichen müssen.

Oben, von links nach rechts: Indirektes Grillen, vegan, „Ideal zum Mitnehmen". Unten, von links nach rechts: Portionen, Nährwerte, Zubereitungszeit gesamt, „dauert länger als zwei Stunden".

Salate und Snacks

Als Vorspeise, als Beilage oder für zwischendurch, während Sie auf das Hauptgericht vom Grill warten: Bunte Salate und originelle Snacks gehören zu jeder gelungenen Grillparty. Lassen Sie sich von unserer Rezeptauswahl für Ihr Grillbuffet inspirieren.

Dieser Hingucker ist der absolute Hit unter den Beilagensalaten – aber auch Zunge und Gaumen erfreuen sich an der mild-würzigen Kombination. Der Salat lässt sich sehr gut einige Stunden vor dem Servieren vorbereiten und kühl aufbewahren.

Rot-grüner Couscous-Salat

400 g	Rote Bete (frisch und ungekocht)
200 g	Couscous
	Salz, Pfeffer
2 EL	Apfelessig
3 EL	Öl
1 TL	Senf
1 EL	Zitronensaft
2	reife Birnen
2 Handvoll	Kräuter (Schnittlauch, Petersilie, Sauerampfer und andere Wildkräuter)
1	Schalotte
1	Knoblauchzehe
2–3 cm	frischer Ingwer
1 EL	Koriandersamen (gemahlen)
2 TL	Zucker
Außerdem	8 Gläser (z. B. 8 Weckgläser à 200 ml)

40 min

1 Rote Bete schrubben oder schälen, in daumendicke Würfel schneiden und in etwa 350 ml Salzwasser bissfest köcheln. Das rote, noch heiße Kochwasser in eine Schüssel abseihen, Couscous einrühren und ziehen lassen, bis er angenehm bissfest ist (ca. 10–15 Minuten). Eventuell noch etwas heißes Wasser unterrühren. Hin und wieder mit einer Gabel auflockern. Kräftig mit Pfeffer würzen und ggf. mit Salz abschmecken.

2 Aus Essig, Öl, Senf, Zitronensaft, Pfeffer und Salz eine Vinaigrette anrühren. Birnen entkernen und in Scheibchen schneiden. Die Kräuter fein hacken und zusammen mit den Birnenscheibchen in der Vinaigrette ca. 20 Minuten marinieren.

3 Schalotte, Knoblauch und Ingwer schälen und fein würfeln. Zusammen mit den Rote-Bete-Würfeln, den Koriandersamen und dem Zucker in Öl scharf anbraten und karamellisieren lassen.

4 Etwa ein Drittel der Rote-Bete-Würfel pürieren und unter den Couscous heben. Die Würfel ebenfalls untermengen. Noch einmal mit Pfeffer und Salz abschmecken.

5 Abwechselnd rotes Couscous und grüne Birnen-Kräuter-Mischung in Gläser einfüllen. Obenauf ein paar Kräuter oder Blüten (z.B. Ringelblumen, Kapuzinerkresse, Gänseblümchen, Veilchen, Schnittlauchblüten) streuen.

Variante Probieren Sie dieses Farbwunder auch einmal mit säuerlichen Äpfeln statt der Birnen aus.

Tipp

Um sich vor roten Fingern zu schützen, ist es ratsam, beim Schälen und Schneiden der Roten Bete Einmalhandschuhe zu tragen.

Kartoffelsalat schmeckt gut und lässt sich einfach vorbereiten. Diese Variante mit Pesto und getrockneten Tomaten schmeckt locker leicht mediterran.

40 Minuten vorbereiten
1–2 Stunden ziehen

Orientalisch wird Ihr Kartoffelsalat mit Gewürze wie Koriander, Chili und Schwarzkümmel.

Coleslaw heißt der Krautsalat in den USA. Die Hauptzutaten dafür sind Weißkohl und Möhren, die mit einem reichhaltigen Dressing angemacht werden.

Kartoffelsalat mit Pesto und getrockneten Tomaten

700 g	kleine neue Kartoffeln
150 g	getrocknete Tomaten, in Öl eingelegt
½	Zitrone
2 EL	Pinienkerne
90 g	grünes Pesto (aus dem Glas)
	Salz und Pfeffer aus der Mühle
50 g	Parmesan oder Pecorino
1 Handvoll	Basilikumblätter

40 min

Tipp

Die Kartoffelsalate schmecken kalt oder lauwarm sehr gut.

1   Die Kartoffeln gründlich putzen und in Salzwasser 20–25 Minuten gar kochen. Ungeschält halbieren.

2   Die getrockneten Tomaten in einem Sieb abtropfen lassen. Dabei das Öl auffangen. Zitrone auspressen. Die abgetropften Tomaten in Streifen schneiden. Pinienkerne trocken in einer Pfanne anrösten.

3   Pesto mit 4 EL Tomatenöl und Zitronensaft in einer Schüssel vermengen. Kartoffeln und Tomatenstreifen mit dem Dressing vermischen. Mit Salz und frisch gemahlenem Pfeffer abschmecken und abgedeckt ca. 1–2 Stunden ziehen lassen.

4   In einer Schüssel oder in Portionsgläsern anrichten, mit gerösteten Pinienkernen, frisch gehobeltem Käse und Basilikumblättern bestreuen und servieren.

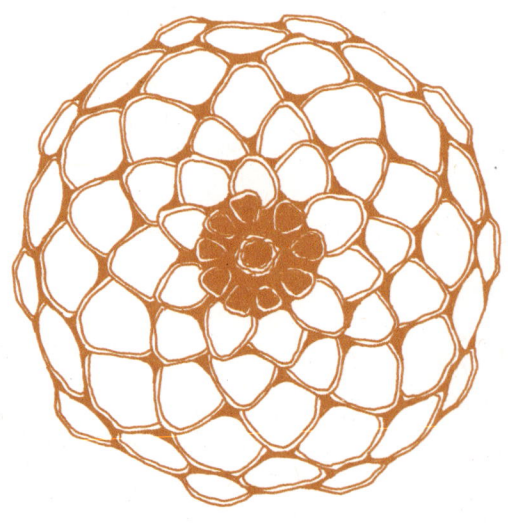

Salate und Snacks

Pikanter orientalischer Kartoffelsalat

30 min

500 g	kleine neue, festkochende Kartoffeln
250 g	grüne Bohnen
2	rote Chilischoten (Sorte nach Geschmack)
1	Knoblauchzehe
1	mittelgroße rote Zwiebel
½ Bund	Koriander
3 EL	Rotweinessig
60 ml	Olivenöl
1 TL	Schwarzkümmelsamen
	Salz, Pfeffer

1 Die Kartoffeln halbieren und in Salzwasser etwa 15 Minuten garen. Bohnen putzen, halbieren und 6–8 Minuten in kochendem Wasser garen. Sie sollten fest bleiben.

2 In der Zwischenzeit Chilis entkernen und in feine Streifen schneiden. Knoblauch abziehen und pressen oder fein hacken. Zwiebel schälen und in feine Ringe schneiden. Koriander fein hacken.

3 Für das Dressing Essig, Öl, Chilis, Knoblauch, Koriander, Schwarzkümmel sowie etwas Salz und Pfeffer gut vermischen.

4 Kartoffeln, Bohnen und Zwiebelringe in einer Schüssel vermengen. Das Dressing darübergeben. Der Salat schmeckt warm wie kalt.

Coleslaw – amerikanischer Krautsalat

20 min

½	kleiner Weißkohl (ca. 600 g)
½	Zwiebel
1	große Möhre (ca. 80 g)
80 g	saure Sahne
30 g	Mayonnaise
2 EL	Weißweinessig
2 EL	Zitronensaft
1 TL	Senf
1 TL	Zucker
	Salz, Pfeffer

1 Vom Weißkohl den Strunk keilförmig herausschneiden, die äußeren Blätter entfernen, den restlichen Kopf vierteln. Die Zwiebel und die Möhre schälen.

2 Kohl und Möhren in sehr feine Streifen schneiden, die Zwiebel fein hacken.

3 Saure Sahne, Mayonnaise, Weißweinessig, Zitronensaft, Senf, Zucker, Salz und Pfeffer in einer großen Schüssel mischen und die Zutaten glatt rühren.

4 Kohl, Möhren und die Zwiebel hinzugeben und gut vermischen.

Topinambur ist eine Sonnenblumenart, die ursprünglich aus Nordamerika stammt. Ihre Knolle, die wie eine Mischung aus Artischocke und Kartoffel schmeckt, kann roh oder gekocht gegessen werden. Bislang ist sie nur selten auf dem Speiseplan zu finden – zu unrecht. Dieser herbstliche Salat wird Sie und Ihre Gäste überzeugen.

7 g E, 22 g F, 13 g KH
286 kcal

Roher Lauch ist köstlich, aber recht scharf. 1 bis 2 Minuten blanchiert, verliert er seine Schärfe und gibt eine tolle Salatgrundlage ab.

7 g E, 28 g F, 21 g KH
373 kcal

Tipp

Wer kein Freund des Staudenselleries ist oder andere Farben möchte, kann ihn durch Möhren ersetzen.

Topinambursalat mit Orangen

150 g	Sahne
100 g	Joghurt
1 TL	geriebener Meerrettich
1 TL	scharfer Senf
3 EL	Zitronensaft
1 EL	Birnendicksaft oder Honig
	Pfeffer, Salz
300 g	Topinambur
1 Stange	Staudensellerie
200 g	Kohlrabi
1–2	Orangen
50 g	Walnusskerne
50 g	Rucola

1   Sahne, Joghurt, Meerrettich, Senf, Zitronensaft und Birnendicksaft zu einer Sauce mischen. Mit Pfeffer und Salz abschmecken.

2   Topinambur und Sellerie gründlich bürsten. Den Kohlrabi schälen. Alles in dünne Stifte schneiden oder grob raspeln und sofort mit der Sauce vermischen.

3   Die Orangen schälen, in Spalten teilen, in kleine Stücke schneiden und unter den Salat heben. Walnüsse in grobe Stücke teilen. Salat mit Rucola und Walnüssen garnieren.

25 min

Tipp

Statt Mandeln schmecken auch Walnüsse sehr gut. Und natürlich kann auch frisch geriebener Meerrettich verwandt werden.

Lauwarmer Lauchsalat

20 min

2 Stangen	Lauch
80 g	Mandelblättchen
6 EL	Öl
4 EL	Himbeeressig (oder ein anderer Fruchtessig)
2 EL	saure Sahne
1 EL	Meerrettich (Glas)
100 g	Rosinen
	Salz, Pfeffer

1   Die Lauchstangen putzen und waschen. In heißem Salzwasser 6 Minuten leicht garen, aber nicht kochen. Die Inneren Ringe der Lauchstangen sollen noch roh sein. Die Mandelblättchen in einer Pfanne leicht trocken anrösten.

2   Aus Öl, Essig, saurer Sahne und Meerrettich ein Dressing anrühren.

3   Die Lauchstangen aus dem Topf nehmen, etwas abkühlen lassen und in Ringe schneiden. Anschließend die Rosinen und die Mandeln unterheben und das Meerrettichdressing darübergeben und mit Salz und Pfeffer abschmecken. Lauwarm servieren.

Die kleinen grünbraunen Berglinsen überzeugen durch ihr feines Aroma. Sie zerfallen beim Kochen nicht und eignen sich daher hervorragend für Salate. Zusammen mit milden Birnen, fruchtigem Essig und leicht scharfem Ingwer wird daraus ein kulinarisches Gedicht.

9g E, 8g F, 20g KH

200 kcal

8

„Os Pementos de Padrón, uns pican e outros non", so geht ein galicisches Sprichwort: Einige Pimientos sind scharf, andere nicht. Ein großer Spaß am Tisch, wenn der Reihe nach probiert wird und es jeden treffen kann. Im Durchschnitt ist jede achte bis zehnte der kleinen Paprikas sehr scharf: Da hilft nur Brot und galicischer Weißwein.

0g E, 8g F, 1g KH

77 kcal

10

5 Minuten vorbereiten
10 Minuten grillen

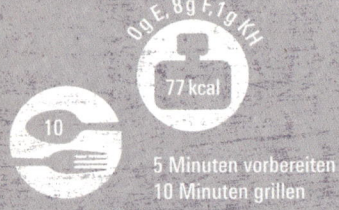

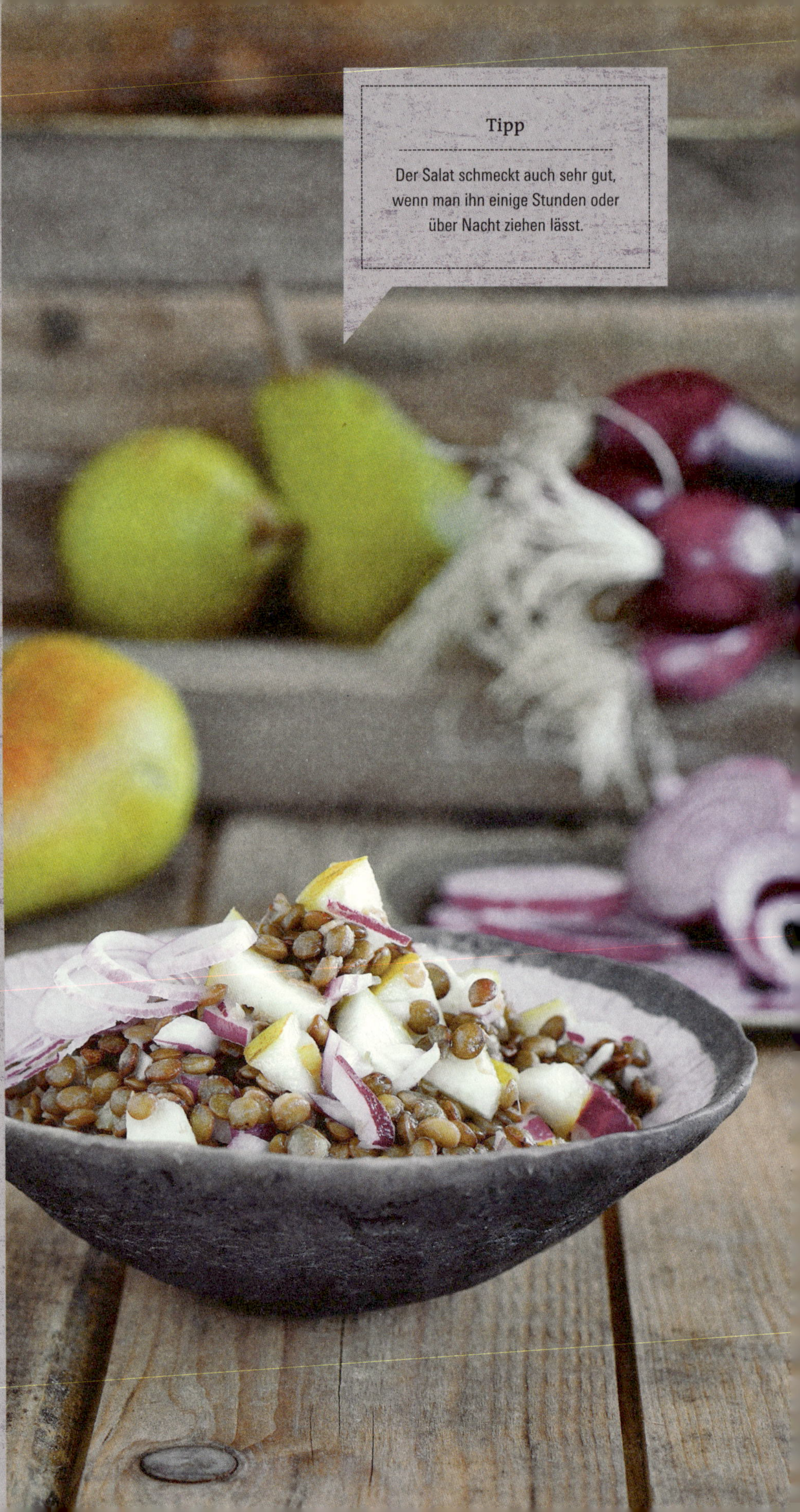

Tipp

Der Salat schmeckt auch sehr gut, wenn man ihn einige Stunden oder über Nacht ziehen lässt.

Berglinsen-Birnen-Salat

300 g	Berglinsen
2–3 cm	frischer Ingwer
2–3	Lorbeerblätter
800 ml	leichte Gemüsebrühe
2	rote Zwiebeln
2	reife Birnen
6 EL	Rapsöl
6 EL	Apfelessig
2 TL	Dijon-Senf
	Kräutersalz, Pfeffer

1 Die Linsen in ein Sieb geben und kurz unter kaltem Wasser spülen. Den Ingwer schälen, in sehr kleine Stückchen schneiden.

2 Linsen, Lorbeerblätter und Ingwer mit der Gemüsebrühe in einen großen Topf geben. Aufkochen und dann bei reduzierter Hitze ca. 25–30 Minuten köcheln lassen.

3 In der Zwischenzeit die Zwiebeln schälen und fein würfeln. Die Birnen schälen, das Kerngehäuse entfernen und in kleine Stücke schneiden.

4 Aus Rapsöl, Apfelessig, Kräutersalz, Dijon-Senf und Pfeffer eine Vinaigrette zubereiten und die Zwiebeln sowie die Birnenstücke hinzufügen, damit sie nicht braun werden.

5 Die Linsen in ein Sieb schütten und ein wenig abkühlen lassen. Die Lorbeerblätter entfernen.

6 Linsen in eine Schüssel geben, Vinaigrette mit Birnen darübergießen, vorsichtig durchmischen und lauwarm servieren.

Gegrillte Pimientos de Padrón

400 g	Pimientos de Padrón
8 EL	Olivenöl
	Flor del Delta (spanisches Meersalz)

1 Die Pimientos mit Olivenöl einstreichen.

2 Bei direkter mittlerer bis hoher Hitze rundherum so lange grillen, bis die Haut Blasen wirft. Dabei ab und zu mit Olivenöl einstreichen. Es dürfen auch braune bis schwarze Flecken entstehen.

3 Die Pimientos vom Grill nehmen und in eine Schüssel legen. Mit Olivenöl begießen und mit Flor del Delta bestreuen. Warm oder kalt als Vorspeise oder Zwischengang servieren.

Variante Alternativ können Sie die Pimientos in einer gusseisernen Pfanne zubereiten. Dazu die Pfefferschoten in heißem Olivenöl mit 2 ungeschälten Knoblauchzehen und 2 Lorbeerblättern unter Rühren kurz scharf anbraten. Im Anschluss salzen.

Rohe Rote Bete wird viel zu selten serviert. Sie enthält viel Eisen und schmeckt leicht erdig. Mit diesem Carpaccio gehen Sie vor Ihren Gästen vielleicht ein kleines Wagnis ein, aber es wird sicherlich viele Freunde finden.

5 g E, 27 g F, 11 g KH
314 kcal

Rote-Bete-Birnen-Carpaccio

100 g	Walnusskerne
2	mittelgroße Rote Beten (ca. 250 g, frisch und ungekocht)
1	feste Birne
4 EL	Walnuss- oder Olivenöl
3 EL	Weißweinessig
1 TL	Dijon-Senf
1 TL	Agavensirup
	Pfeffer, Salz

1 Die Walnüsse in einer beschichteten Pfanne ohne Öl leicht anrösten und danach grob hacken.

2 Die Roten Beten sehr gut mit einer Bürste reinigen oder schälen. In sehr feine Scheiben schneiden (zum Beispiel mit einem Gemüsehobel). Birne entkernen und ebenfalls in sehr dünne Scheiben schneiden.

3 Für das Dressing Öl, Essig, Dijon-Senf und Agavensirup vermischen. Mit Pfeffer und Salz abschmecken.

4 Auf einem großen Teller die Bete- und die Birnen-Scheiben gleichmäßig, leicht überlappend verteilen. Das Dressing darübergeben und die Walnüsse darüberstreuen.

Variante Rote-Bete-Carpaccio lässt sich auf vielerlei Weise variieren. Zum Beispiel pur mit Zitronenthymian oder in Kombination mit Feldsalat.

20 min

Tipps

Rote Beten haben oftmals schöne Muster. Wer es dekorativ mag, hobelt am besten parallel zum Blattansatz.

Wird das Carpaccio einige Stunden im Voraus zubereitet, schmeckt es noch besser.

Salate und Snacks

Butterweiche Avocados, gefüllt mit einer köstlichen Salsa, die die Schärfe von Chili, die würzige Süße von roten Zwiebeln und die fruchtige Frische von Tomaten vereint: So ein Gericht eignet sich toll als Vorspeise oder Zwischengang. Die Salsa lässt sich auch gut vorbereiten.

35 Minuten vorbereiten
1 Stunde kühlen
5 Minuten grillen

Gegrillte Avocados mit Salsa mexicana

40 min

Gegrillte Avocados

2	reife Avocados
1 EL	Öl
½ Bund	Koriandergrün

1 Die Avocados halbieren, den Stein entfernen. Etwas Öl auf die Schnittfläche pinseln und Avocados mit der Schnittfläche auf den Rost legen. Fünf Minuten bei mittlerer Hitze direkt grillen.

2 Zum Servieren die Salsa in die Avocadohälften füllen, das restliche Koriandergrün darüberstreuen.

Salsa mexicana

250 g	reife Tomaten
60 g	Zwiebeln
1	Knoblauchzehe
½ EL	frische Korianderblätter (oder Petersilie)
1	Chilischote (z. B. eingelegte Jalapeño-Chili)
1 EL	Olivenöl
1 TL	Limetten- oder Zitronensaft
	Salz, schwarzer Pfeffer, Zucker

1 Tomaten mit der Schale in kleine Würfel schneiden. Zwiebel und Knoblauch schälen, hacken. Koriander und Chili fein schneiden.

2 Alle Zutaten in einer Schüssel verrühren. Limetten- bzw. Zitrussaft hinzugeben und mit Salz, Pfeffer und Zucker abschmecken. Mindestens 1 Stunde kühlen.

Variante Füllen Sie alternativ Avocadohälften mit einer Mischung aus Feta, frischen Tomaten, Knoblauch, Schalotten und etwas Toastbrot und legen Sie sie mit der Außenseite auf den Grill. Indirekt bei geringer bis mittlerer Hitze 10–15 Minuten erwärmen.
Die Salsa passt auch zu Chimichangas und Quesadillas, die Sie auf den Seiten 152 bis 155 finden.

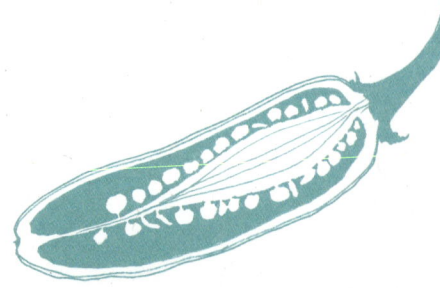

Tipps

Avocados können bitter werden, wenn sie zu lange oder zu stark erhitzt werden. Da sie auch roh sehr gut schmecken, eher zu kurz als zu lang auf den Rost legen.

Die Salsa kann auch am Vortag zubereitet werden – dann aber unbedingt kühl stellen bis zum Verzehr.

Perfekt für den Grill: Dank ihres milden, fast neutralen Geschmacks eignen sich Kartoffeln als Basis für fast jedes Aroma – etwa in Form einer cremigen Sauce oder als kräftige Marinade. Hier werden gegrillte Kartoffeln mit leicht scharfem Kresse-Mousse serviert.

4 | 4 g E, 1 g F, 32 g KH | 222 kcal
20 Minuten vorbereiten
50 Minuten garen

Rosmarin zaubert eine herbe Süße an die Kartoffeln und verströmt einen wohlriechenden Duft um den Grill.

4 | 3 g E, 15 g F, 25 g KH | 254 kcal
10 Minuten vorbereiten
2 Stunden marinieren
45 Minuten grillen

Grillkartoffeln mit Kresse-Mousse

70 min

4	große Kartoffeln (je ca. 250 g)
½ Schale	Kresse
100 g	Crème fraîche oder saure Sahne
2 TL	Meerrettich (Glas oder frisch)
	Salz
Außerdem	Blüten zur Dekoration (Kapuzinerkresse)

1 Die Kartoffeln für 15 Minuten in kochendem Wasser garen, halbieren und ca. 10–15 Minuten indirekt bei mittlerer Temperatur goldbraun grillen.

2 Von der Kresse das obere Drittel abschneiden. Die Crème fraîche (oder die saure Sahne) mit dem Meerrettich verrühren und mit Salz abschmecken, die Kresseblättchen unterheben.

3 Kartoffeln mit Kresse-Mousse daraufgeben. Wenn möglich, mit Blüten der Kapuzinerkresse garnieren.

Variante Man kann Kartoffeln auch klassisch als Folienkartoffel zubereiten. Dafür die ungekochten Kartoffeln mit ein wenig Fett in Alufolie wickeln und 50–60 Minuten am Rande der Glut garen lassen.

Rosmarinkartoffeln

55 min

2–3	Knoblauchzehen (alternativ: 2 EL Knoblauchgranulat)
2 Zweige	frischer Rosmarin
6 EL	Rapsöl
	Salz, Pfeffer
4	große Kartoffeln (je 200 g)

1 Knoblauch pressen, Rosmarinblätter abzupfen. Beides mit Öl, Salz und Pfeffer zu einer Marinade verrühren.

2 Die Kartoffeln gründlich waschen. Längs in etwa 3 Millimeter dicke Scheiben schneiden. Jede in Scheiben geschnittene Kartoffel als Ganzes auf ein Stück Alufolie setzen und den Rand etwas hochschlagen. Je ein Viertel der Marinade dazugeben und die Päckchen gut verschließen. Für 1–2 Stunden ziehen lassen.

3 Die Kartoffelpäckchen am Rande der Glut oder bei mittlerer indirekter Hitze rund 45 Minuten grillen.

Probieren Sie andere Kartoffelsorten! Von den über 5000 Kartoffelsorten sieht man im Einzelhandel nur wenig. Ein Besuch auf dem Gemüsemarkt, im Bioladen oder beim Feinkosthändler sorgt da für geschmackliche wie bunte Abwechslung – und unterstützt ganz nebenbei die Nutzpflanzenvielfalt. Die Spieße und Chips eignen sich gut als Beilage zum Knabbern.

1 g E, 3 g F, 9 g KH
72 kcal
4
30 Minuten vorbereiten
10 Minuten grillen

Bunte Knusperbeilage: Die Chips werden nicht gegrillt, sie eignen sich aber perfekt für einen Grillabend mit Freunden.

1 g E, 7 g F, 8 g KH
103 kcal
8

Tipp

Besonders gut zum Grillen eignen sich die Sorten Violetta (Blaue Elise) und Rote Emma. Die Kartoffeln platzen beim Kochen nicht so leicht auf und die tolle Färbung bleibt sehr schön erhalten.

Salate und Snacks

Bunte Kartoffelspieße

600 g	von 2–3 Sorten bunter Kartoffeln (z.B. Blaue Elise, Rote Emma)
	Salz
1 TL	Kümmelsamen
	Olivenöl
Außerdem	gewässerte Holz- oder Bambusspieße für 8 Spieße

1 Kartoffeln in getrennten Töpfen in Salzwasser mit etwas Kümmel 12–15 Minuten kochen. Anschließend mit kaltem Wasser abschrecken und abkühlen lassen. Die Schale abziehen und Kartoffeln in gleich große Stücke schneiden.

2 Kartoffelstücke farblich abwechselnd auf Holzspieße stecken. Mit Olivenöl bestreichen und ca. 10 Minuten bei direkter mittlerer Hitze grillen. Dabei mehrmals wenden. Da die Kartoffeln schon vorgegart sind, genügt es, wenn sie ein leichtes Grillmuster erhalten, sie sollten keinesfalls zu dunkel oder zu trocken werden.

Bunte, krosse Kartoffelchips

500 g	festkochende, bunte Kartoffeln
500–800 ml	Öl zum Frittieren
	grobes Meersalz
	Paprikapulver rosenscharf, frisch gemahlener Pfeffer (nach Geschmack)

1 Kartoffeln mit der Schale gut waschen. Auf einem Gemüsehobel in möglichst dünne Scheiben raspeln. In einer Schüssel mit Wasser die Stärke von der Oberfläche der Kartoffeln abwaschen. Ggf. das Wasser so lange wechseln bis es klar bleibt. Im Anschluss die Kartoffelscheiben – etwa zwischen zwei Geschirrtüchern – gut abtrocknen.

2 Öl in einem breiten Topf oder in einer Fritteuse auf 180 °C erhitzen. Die Kartoffelscheiben mit einer Schaumkelle portionsweise ins Fett legen. Dabei ab und zu mit der Schaumkelle vorsichtig wenden und unter das Fett drücken. Fertig sind die Kartoffelchips, wenn sie aufgeplustert und leicht gebräunt sind. Wenn die Chips kross, aber nicht zu dunkel sind, mit der Schaumkelle herausnehmen und das Fett auf einem Küchenpapier oder Küchentuch kurz abtropfen lassen.

3 Mit Meersalz und frisch gemahlenem Pfeffer oder mit Paprikapulver würzen, dabei in einer Schüssel gut schütteln, sodass sich die Gewürze gut verteilen. Die Chips schmecken am besten, wenn sie frisch und noch warm sind.

Köstlich knuspern, bunt und gesund: Chips lassen sich aus allen möglichen Gemüsesorten herstellen. Der altbekannte Grünkohl etwa kann auf einen hohen Vitamin- und Mineralstoffgehalt verweisen – und so wurde er seit 2010 in Hollywood, New York und der hiesigen Veganerszene wiederentdeckt.

1g E, 2g F, 1g KH

28 kcal

8

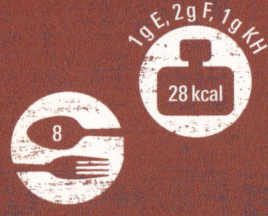

Chips aus Möhren, die in heißem Fett knusprig gebacken werden, sind weniger hipp – aber wer weiß, was noch kommt.

0g E, 7g F, 3g KH

83 kcal

8

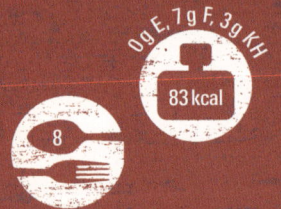

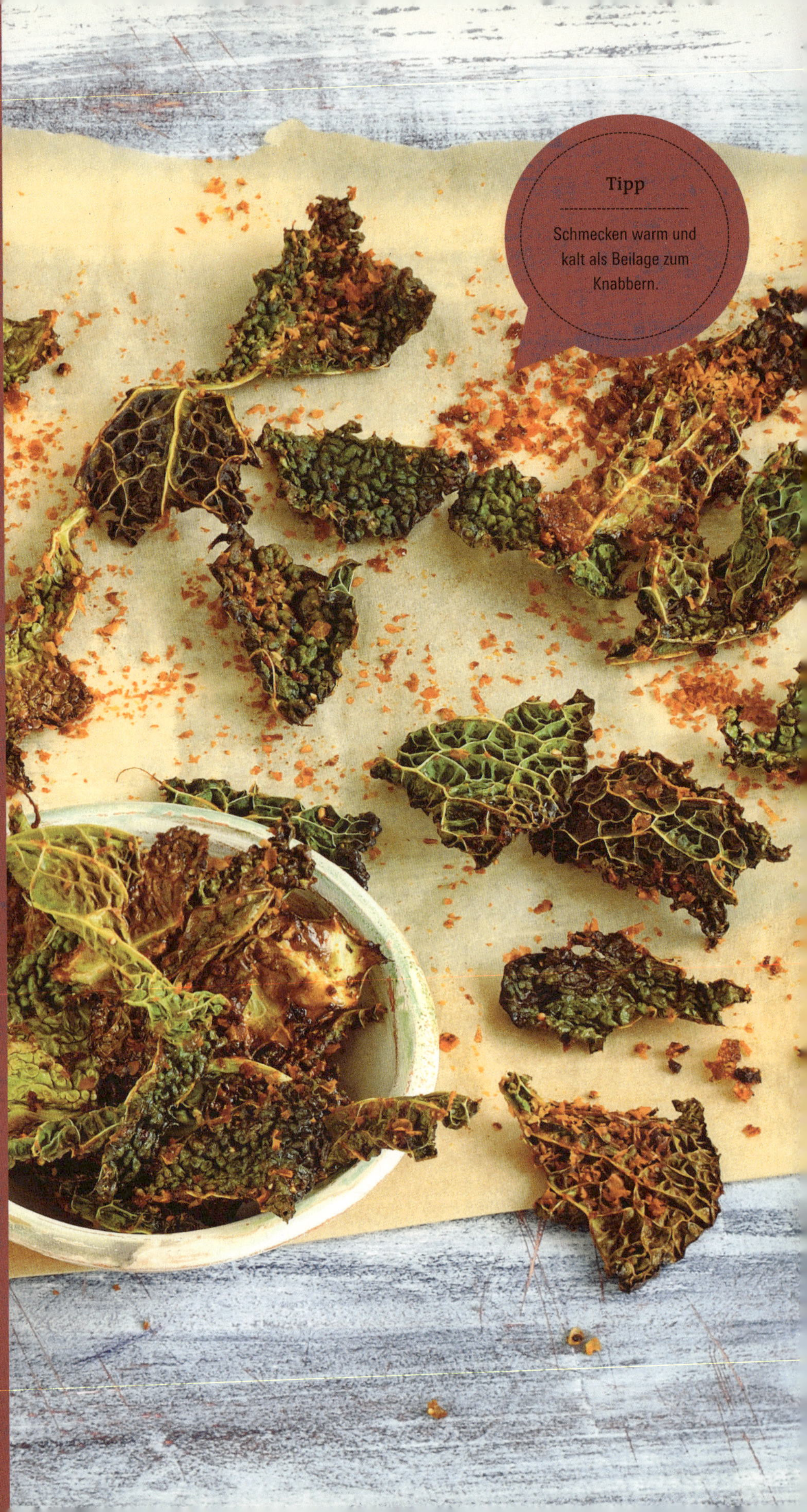

Tipp

Schmecken warm und kalt als Beilage zum Knabbern.

Kale-Chips

100 g	Grünkohl
2 EL	Olivenöl
1 EL	Paprikapulver
	Pfeffer, Salz
3–4 EL	Hefeflocken

1 Den Grünkohl waschen und sehr gut abtrocknen, am besten eine Salatschleuder verwenden. Er sollte wirklich nicht mehr feucht sein. Grünkohl vom Strunk abreißen und in möglichst gleich große, kleine Stücke zerreißen (ca. 1,5 cm breit). Anschließend die Blätter in eine große Schüssel geben. Olivenöl, Paprikapulver, Pfeffer und eine Prise Salz zu einer Sauce verrühren.

2 Die Sauce zu den zerrissenen Grünkohlblättern geben und sehr gut vermengen, bis die Blätter gleichmäßig mit ihr bedeckt sind. Anschließend die Grünkohlschnipsel auf einem mit Backpapier ausgelegten Backblech so verteilen, dass sie nicht aufeinanderliegen. Eine dünne Schicht Hefeflocken darüberstreuen.

3 Den Grünkohl bei 180 °C in den Backofen schieben. Nach 6–8 Minuten Backzeit stetig kontrollieren: Die Chips sollten kross werden, aber nicht verbrennen – das kann sehr schnell gehen. Anschließend sofort aus dem Ofen nehmen und abkühlen lassen. Vor dem Servieren nach Geschmack noch etwas salzen.

Knusprige Möhrenchips

500 g	kräftige Möhren, möglichst in verschiedenen Farben
500–800 ml	Öl zum Frittieren
	grobes Meersalz
je 1 EL	Paprikapulver edelsüß und Kreuzkümmelpulver

Tipp

Die Möhrenchips schmecken am besten, wenn sie frisch und noch warm sind.

1 Möhren schälen. Auf einem Hobel schräg in 2–3 mm dicke Scheiben hobeln. Öl in einem breiten Topf oder in einer Fritteuse auf 180 °C erhitzen.

2 Möhrenscheiben mit einer Schaumkelle portionsweise ins Fett geben. 2–3 Minuten darin frittieren. Dabei ab und zu mit der Schaumkelle vorsichtig wenden und unter das Fett drücken. Wenn die Chips kross, aber nicht zu dunkel sind, mit der Schaumkelle herausnehmen und das Fett auf einem Küchenpapier oder Küchentuch abtropfen lassen.

3 Noch heiß mit Meersalz, Paprikapulver und Kreuzkümmel würzen, dabei in einer Schüssel gut durchschütteln, sodass sich die Gewürze gut verteilen.

Variante Wie die Möhren lassen sich auch dünne Scheiben von Yamswurzel, Pastinake oder Rote Bete in heißem Fett zu knusprigen Chips veredeln.

Polenta gehört in Norditalien zu den beliebtesten Beilagen. Früher galt der Maisgrießbrei als Essen für arme Leute. Dank pfiffiger Rezepte hat Polenta inzwischen den Weg in internationale Küchen gefunden – und auf den Grill.

10 Minuten vorbereiten
1 Stunde kühlen
12 Minuten grillen

Pfeffrige Polenta-Taler

1 TL	schwarze Pfefferkörner
½ l	Gemüsebrühe
125 g	Polenta
2 EL	geriebener Parmesan
½ TL	Muskat
2 EL	Olivenöl

85 min

1   Pfefferkörner im Mörser zerstoßen. In einem Topf Gemüsebrühe zum Kochen bringen. Polenta unter ständigem Rühren einrieseln lassen. Nach Packungsangabe bzw. 5–10 Minuten ausquellen lassen, dabei öfter umrühren. Parmesan, Pfeffer, Muskat und Öl hineinrühren.

2   Polentamasse auf ein leicht geöltes Blech ca. 1–2 cm dick auftragen und glatt streichen. Mindestens 1 Stunde kalt stellen.

3   Mit einem Glas runde Scheiben ausstechen. Polentastücke auf beiden Seiten mit etwas Olivenöl bestreichen und 10–12 Minuten unter häufigerem Wenden auf dem Grillrost bei mittlerer direkter Hitze goldbraun grillen.

Variante   Probieren Sie die gegrillte Polenta einmal mit würzigem Bergkäse statt mit Parmesan. Wer mag, kann die Polenta auch mit fein gehackten Rosmarinnadeln würzen oder mit Mandel- oder Nusssplittern verfeinern.

Salate und Snacks

Tipp

Weniger „Verschnitt" haben Sie, wenn Sie Rauten oder Rechtecke ausschneiden.

Die libanesische Spezialität ist – ebenso wie Falafel – in der gesamten nordafrikanischen Küche verbreitet. Der Bulgursalat ist sehr einfach zuzubereiten und kann als erfrischende Vorspeise oder Beilage – auch hübsch im Gläsern angerichtet – serviert werden.

3 g E, 4 g F, 23 g KH
145 kcal
8
30 Minuten vorbereiten
1 Stunde kühlen

Taboulé

250 g	Bulgur, mittelfein
500 ml	Wasser
1 Bund	glattblättrige Petersilie
1 Bund	Minze
4	Frühlingszwiebeln
2	mittelgroße Tomaten
3 EL	Zitronensaft
3 EL	Olivenöl
1 TL	Salz
1 TL	frisch gemahlener Pfeffer

90 min

1   Den Bulgur in einer Schüssel mit 500 ml kochendem Wasser aufgießen und ca. 15 Minuten quellen lassen (Hinweise zur Zubereitung auf der Packung beachten). Im Anschluss in einem Sieb abtropfen lassen und mit einem Löffelrücken gut ausdrücken.

2   Petersilie und Minze hacken, Frühlingszwiebel in feine Röllchen schneiden. Die Tomaten vierteln, Kerne und Flüssigkeit herausdrücken, in sehr kleine Würfel schneiden.

3   In einer Schüssel Bulgur, Petersilie, Minze, Frühlingszwiebeln, Tomaten, Zitronensaft, Öl, Salz und Pfeffer vermischen. Zudecken und mindestens 1 Stunde kalt stellen.

Variante   Statt mit Minze lässt man das Taboulé auch mit Zitronenmelisse zubereiten. Statt Bulgur kann auch Quinoa verwendet werden. Wer es fruchtig mag, kann das Taboulé auch um Granatapfelkerne oder Apfelstückchen ergänzen.

Tipp

Taboulé lässt sich gut vorbereiten. Im Kühlschrank hält es sich bis zum nächsten Tag.

Batate, die Süßkartoffel, ist botanisch gesehen keine Verwandte der Kartoffel. Dennoch kann man die orangefarbenen Knollen auf ähnliche Weise zubereiten – etwa als Alternative zur Grillkartoffel. Ihr süßlicher Geschmack kann bis hin zu kastanien-kürbisartigem Aroma variieren.

3 g E, 13 g F, 48 g KH
336 kcal
4
10 Minuten vorbereiten
20 Minuten grillen

Pikante Süßkartoffeln aus der Folie

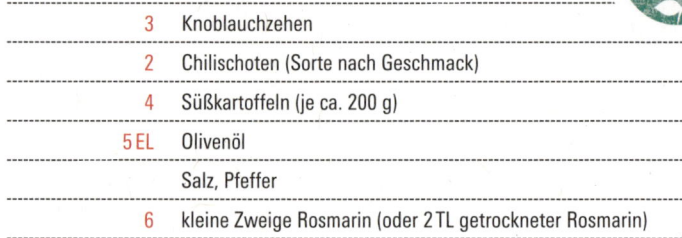

3	Knoblauchzehen
2	Chilischoten (Sorte nach Geschmack)
4	Süßkartoffeln (je ca. 200 g)
5 EL	Olivenöl
	Salz, Pfeffer
6	kleine Zweige Rosmarin (oder 2 TL getrockneter Rosmarin)

1 Die Knoblauchzehen schälen und pressen oder fein hacken. Die Chilischoten entkernen und fein hacken. Olivenöl, Salz, Pfeffer und den Knoblauch hinzufügen und gut vermengen. Große Rosmarinzweige zerteilen.

2 Süßkartoffeln schälen, in schmale Spalten oder Würfel schneiden und auf mehre Stücke Alufolie geben. Die Rosmarinzweige und das Kräuteröl darauf verteilen. Die Alufolie schließen, dabei ein Päckchen formen. Etwa 20 Minuten bei mittlerer indirekter Hitze auf dem Rost garen.

Variante Süßkartoffeln werden deutlich schneller gar als normale Kartoffeln. Sie können daher auch gut als ganze Knollen in Folie gewickelt und für 30–40 Minuten an den Rand der Glut gelegt werden.

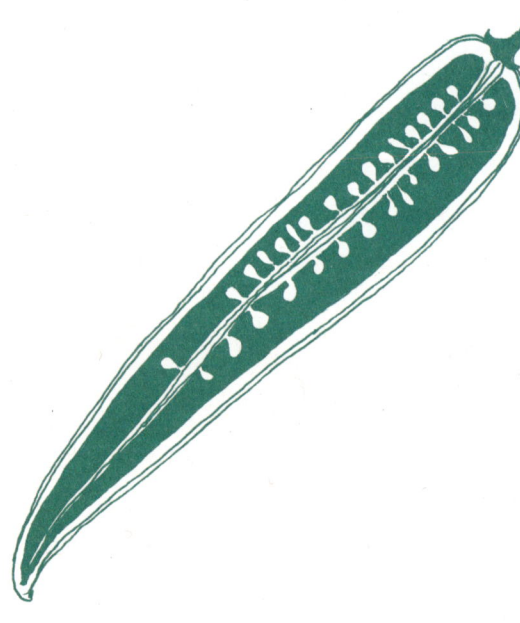

44 Salate und Snacks

Tipp

Sie müssen die Süßkartoffeln nicht schälen. Ihre Schale kann mitgegessen werden.

Gutes, frisches Brot gehört zu jedem Grillabend. Die vorgestellten Fladen eignen sich als Grundlage oder Beilage weiterer Rezepte aus diesem Buch.

Naan-Brot

8 g E, 13 g F, 52 g KH
370 kcal
4
10 Minuten vorbereiten
2 Stunden ruhen
15 Minuten grillen

Tortillas

2 g E, 4 g F, 14 g KH
106 kcal
12
20 Minuten vorbereiten
1 Stunde ruhen

Piadine

7 g E, 11 g F, 46 g KH
320 kcal
8
30 Minuten vorbereiten
30 Minuten ruhen

Sesamfladen

10 g E, 17 g F, 42 g KH
368 kcal
4
10 Minuten vorbereiten
40 Minuten ruhen
15 Minuten grillen

Naan-Brot

25 min

250 g	Mehl
1 Päckchen	Trockenhefe
1 EL	Backpulver
1 EL	Zucker
1 TL	Salz
3 EL	Joghurt
	Pflanzenöl
120 ml	lauwarmes Wasser
4 EL	geschmolzenes Butterschmalz (Ghee)

1 Mehl, Trockenhefe, Backpulver, Zucker und Salz in einer Schüssel mischen. Joghurt und 2 EL Öl mischen, mit der Mehlmischung verrühren. 100 ml handwarmes Waser zugeben. Mit den Knethaken des Handrührers oder in der Küchenmaschine zu einem glatten Teig verkneten. Der Teig sollte nicht kleben – eventuell weiteres Mehl dazugeben. Den Teig mit etwas Öl bestreichen und 1,5 bis 2 Stunden mit einem Tuch zugedeckt an einem warmen Ort gehen lassen.

2 Anschließend den Teig erneut durchkneten, in 6–8 gleich große Kugeln teilen und diese noch einmal 30 Minuten gehen lassen.

3 Teig mit einem Nudelholz zu ovalen, etwa 20 cm langen Fladen formen. Fladen leicht mit etwas Öl bestreichen. Zum Transport mit Backpapier getrennt aufeinanderlegen.

4 Fladen auf den (eingeölten) Grillrost bei großer Hitze von einer Seite 2–4 Minuten backen, bis der Boden knusprig braun und die Oberfläche aufgeblasen ist. Mit etwas flüssigem Butterschmalz bepinseln und heiß servieren.

Tipps

Genießen Sie das Naan-Brot zu den indischen Panir-Spießen „paneer tikka" mit Minzsauce (Seite 124).

Die Maistortillas können mit den Chimichangas und den Quesadillas auf den Grill gelegt werden (Seiten 152 bis 155).

Tortillas

150 g	feines Maismehl
100 g	Weizenmehl
etwa 150 ml	Wasser
5 EL	Öl
1 TL	Salz

80 min

1 Mais- und Weizenmehl, Öl und Salz in eine Schüssel geben. So lange Wasser dazugeben und kneten, bis ein (recht klebriger) Teig entsteht. Wenn der Teig zu sehr klebt, noch etwas Weizenmehl hinzugeben, wenn er zu trocken ist, noch etwas Wasser. Teig abdecken und für eine Stunde ruhen lassen.

2 Dann aus dem Teig kleine Kugeln formen (etwa 4 cm Durchmesser). Diese anschließend auf einer bemehlten Unterlage flachdrücken und dann mit einem Nudelholz zu möglichst dünnen Fladen von etwa 20 cm Durchmesser ausrollen.

3 Eine Pfanne stark erhitzen und in sehr wenig Öl die Maistortillas nacheinander auf beiden Seiten wenige Minuten bei mittlerer Hitze hellbraun ausbacken. Die fertigen Fladen in ein feuchtes Geschirrtuch schlagen, damit sie formbar werden. Bis zum Belegen in Tücher gewickelt warm halten.

Piadine – italienische Brotfladen

60 min

500 g	Mehl
1 TL	Backpulver
1 TL	Salz
80 ml	Olivenöl
200 ml	Milch oder Wasser oder gemischt
Außerdem	Nudelholz, Crêpe-Pfanne oder normale Pfanne

1 Alle Zutaten zu einem glatten Teig verarbeiten. Eine halbe Stunde ruhen lassen.

2 Den Teig in 8 Portionen teilen, zu dünnen Fladen mit etwa 24 bis 28 cm Durchmesser ausrollen, mit einer Gabel einige Male einstechen. Ohne Fett bei mittlerer Hitze in einer Pfanne pro Seite etwa 2–3 Minuten backen. Dabei dürfen dunkelbraune, nicht verbrannte Stellen entstehen. Zu dicke Blasen aufstechen. Nach Belieben befüllen (Seite 156).

Sesamfladen

65 min

250 g	Mehl (Type 1050)
130 ml	warmes Wasser
½	Hefewürfel
1 TL	Salz
50 ml	Olivenöl
2 EL	Sesam

1 Mehl, Wasser, Hefe, Salz und 2 EL Öl in einer Schüssel gut durchkneten. Teig an warmem Ort 40 Minuten gehen lassen.

2 Teig in 4 Portionen teilen, zu Fladen ausrollen, mit restlichem Öl bestreichen. Sesam darüberstreuen, andrücken. Bei mittlerer indirekter Hitze auf jeder Seite ca. 8 Minuten grillen. Nach Belieben befüllen (siehe etwa Seite 161).

Grillen ohne Stress – Vorbereitung ist alles

Das Schönste beim Barbecue ist das gemeinsame Beisammensein unter freiem Himmel an einem lauen Sommerabend – oder auch an einem trockenen Tag im Winter. Damit aber alles entspannt abläuft, sollte man spätestens am Vortag mit Einkauf und Vorbereitung beginnen.

Vegetarisch Grillen

Wer bisher wenig Erfahrung mit fleischlosem Grillen hat, sollte einige grundlegende Dinge im Kopf behalten: Vegetarische Zutaten erhalten meist sehr wenig oder kein Fett. Ohne Marinaden oder Pflanzenöl zum Bepinseln trocknet das Grillgut schnell aus oder verbrennt auf der Glut. Gemüse benötigt grundsätzlich deutlich weniger Hitze als Fleisch. Platzieren Sie den Grillrost daher möglichst auf der mittleren oder oberen Stufe.

Dagegen werden Produkte aus pflanzlichem Eiweiß – also Tofu, Seitan und Tempeh, pur, geräuchert oder als Würstchen – bei hoher direkter Hitze gegrillt, damit sie schön knusprig werden. Auch sie sollten dabei häufiger mit Öl bepinselt werden. Aromatische Marinaden für Gemüse wie auch die Pflanzeneiweißprodukte lassen sich meist recht einfach aus Öl, Kräutern, ein wenig Essig oder Zitronensaft und einer Prise Salz anrühren. Besondere Varianten finden Sie bei den Rezepten in diesem Buch.

Achten Sie bei Ihrem Einkauf auf beste Qualität und Frische. Die meisten Zutaten zu den Rezepten in diesem Buch erhalten Sie auf dem Wochenmarkt, im Bioladen und beim Einzelhändler um die Ecke. Einiges finden Sie eher im Feinkost- oder Asialaden.

Die Planung

Wenn Sie ein Grillfest planen, denken Sie zunächst an Ihre Gäste – und deren eventuelle Geschmacksvorlieben. Anfangs sollte man den Kreis seiner Gäste klein halten und erst mit mehr Erfahrung die Anzahl der Gäste vergrößern. Nicht jeder Gast erwartet bei einer Einladung, Zeuge oder Tester von Experimenten sein zu dürfen. Am besten vorher üben – umso entspannter geht man die ganze Sache an.

Die Berechnung der Mengen ist etwas schwieriger als bei einem gekochten Menü. Planen Sie für das vegetarische Grillen genügend Gerichte mit hohem Sättigungsfaktor ein. Das sind vor allem Rezepte, in denen Käse, Burger, Tofu bzw. Seitan sowie Kartoffeln oder Brot vorkommen, dazu Salate aus Hülsenfrüchten, Nudeln, Couscous oder Ähnlichem.

Nehmen Sie sich für die ersten Male nur wenige komplizierte und zeitaufwendige Gerichte oder solche mit viel Platzbedarf auf dem Grill vor. Dazwischen können Sie immer wieder unkomplizierte Variationen von Spießen sowie Päckchen und Schälchen zubereiten. Damit Sie alle Zutaten haben und die Garzeiten sowie die manchmal langen Marinierzeiten nicht unterschätzen, sollten Sie außerdem das Rezept rechtzeitig und genau lesen.

Die Vorbereitung

Auch wenn das Grillen im Freien stattfindet, kann bzw. muss ein Großteil der Vorbereitungen in der Küche erledigt werden: Gemüse, Obst, Käse, Seitan, Tofu etc. müssen geputzt und geschnitten sowie aufgespießt, gefüllt oder mariniert werden. Saucen sind ebenso vorzubereiten wie Salate, Burgerpattys oder etwa der Teig für Fladen oder Flammkuchen.

Das meiste lässt sich gut einige Stunden im Voraus zubereiten und bis zum Grillen im Kühlschrank oder einer Kühltasche aufbewahren. Saucen und Marinaden können bereits am Tag zuvor hergestellt werden. Auch Kartoffeln, Getreideprodukte und Hülsenfrüchte können Sie vorgaren, wer Würste, Seitan und Käse selber herstellen möchte, sollte ebenfalls den Vortag nutzen.

Planen Sie bei den Vorbereitungen ausreichend Zeit zum Marinieren ein. Die angegebene Dauer beschreibt in der Regel die Mindestzeit. Gerade Käse und Sojaprodukte können aber auch gut und gerne länger marinieren. Frisches Obst und Gemüse hingegen sollte erst am Tag des Verzehrs zubereitet werden: An der Luft wird es schnell braun, runzlig und matschig. In Marinade eingelegte Gemüsestücke geben Wasser ab, werden weich und unappetitlich. Wenn Sie also rohes Obst oder Gemüse auf Spieße stecken oder befüllen möchten, kommen Sie nicht darum herum, am Tag des Grillevents einige Zeit in der Küche zu verbringen.

Gemüsestücke, die Sie direkt grillen möchten, sollten Sie nicht zu klein zu schneiden, da sie sonst leicht verbrennen. Kleine Orientierungshilfe: Die Dicke des Daumens ist eine gute Größe. Bei Spießen schneidet man alle Komponenten in etwa gleich groß, damit sie alle guten Kontakt zum Rost oder zur Grillplatte haben. Bei Päckchen bzw. Schälchen hingegen sollten harte Gemüsesorten kleiner geschnitten werden als solche, die weicher sind und schneller garen.

Der Grillaufbau

Idealerweise haben Sie zwei Geräte zur Verfügung: Einen Grill, den Sie für indirektes Grillen mit einem Deckel schließen können, und einen für die Zubereitung bei direkter Hitze. Stellen Sie auf jeden Fall alle Geräte sicher auf – also fest auf allen drei oder vier Beinen, auf einem nicht entflammbaren Untergrund, beispielsweise ein ebenes Stück Rasen oder eine Steinplatte. Achten Sie darauf, mit den Geräten drei Meter Abstand zu brennbarem Material einzuhalten und nicht unter Schirmen oder Markisen zu grillen.

Wer verantwortlich für das Grillgut ist, kann seinen Einsatzort nur schlecht verlassen – zu schnell brennt etwas an. Sorgen Sie daher neben dem Grill für ausreichend Fläche, auf die Sie das rohe Grillgut, Marinaden, Gewürze und das notwendiges Zubehör abstellen können. Praktisch ist auch ein kleiner Vorrat an Tellern, auf denen Sie fertige Speisen zum Esstisch transportieren können.

Wenn Sie mit Glut oder Feuer arbeiten, sollte zumindest ein Eimer mit Sand in unmittelbarer Nähe sein – noch besser sind eine Löschdecke oder ein Feuerlöscher. Eventuelle Verbrennungen können mit kaltem Wasser und einem Brandwundgel gelindert werden.

Das richtige Timing

Grillmeister kann ein recht undankbarer Job sein, vor allem dann, wenn die Gäste und man selbst hungrig ist. Es dauert beim Kohlengrill rund eine Dreiviertelstunde, bis eine gute Glut mit der richtigen Temperatur entsteht. Beginnen Sie also rechtzeitig mit dem Anheizen, bevor die ersten Gäste eintreffen. Erst wenn ein weißgrauer Aschefilm die glühenden Kohlestücke bedeckt, ist die richtige Hitze erreicht. Aber selbst mit der perfekten Glut erfordert es viel Talent oder Erfahrung, alle Gäste gleichzeitig zu bedienen. Gewiefte Grillmeister stellen daher vorsorglich ausreichend Salate, Dips und Brot bereit, reichen einen kleinen Aperitif dazu – und vergessen auch das eigene Wohl nicht. Denn wer für Gäste grillt, sollte selbst nicht zu hungrig an den Grill treten.

Auch das Grillgerät muss man in die Überlegungen einbeziehen: Steht nur direkte Grillfläche zur Verfügung, verbringt man viel Zeit am Grill. Liegt einiges bei indirekter Hitze im Kugelgrill, kann man sich mehr Zeit für die Gäste nehmen oder nebenbei andere Gerichte vorbereiten. Denn bei aller Vorbereitung darf eines schließlich nie zu kurz kommen: die Freude am Grillen.

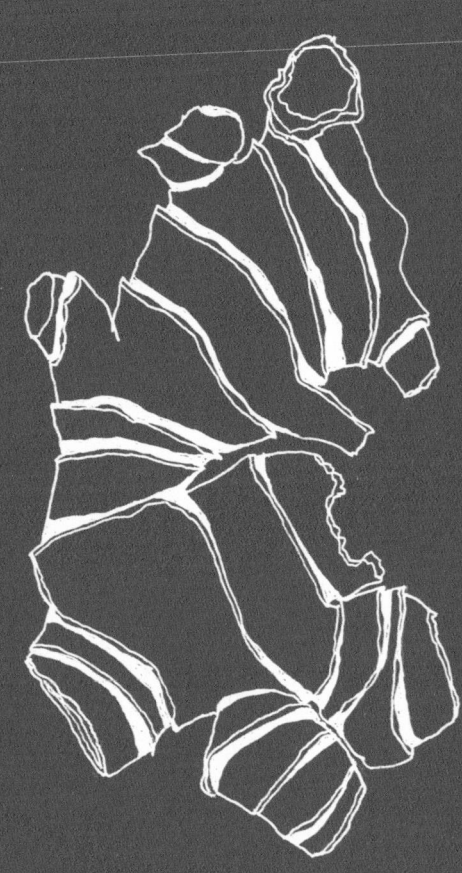

Saucen, Dips & Pasten

Beim vegetarischen Grillen wird Kreativität großgeschrieben, das gilt auch für unsere Saucen, Dips und Pasten. Mit Radieschen-Kresse-Dip, veganer Remoulade oder selbst zubereiteten Klassikern wie Guacamole und Barbecuesauce wird selbst das Brottunken zum Festschmaus.

Die leichte Schärfe von Radieschen und Kresse harmoniert sehr gut und gibt dem Dip aus Quark und Joghurt ein würziges Aroma. Verantwortlich für die Schärfe sind Senföle, denen auch eine positive medizinische Wirkung zugeschrieben wird.

Radieschen-Kresse-Dip

15 min

200 g	Radieschen (etwa ein Bund)
½ Kästchen	Kresse
1 Handvoll	Kapuzinerkresse
125 g	Quark
100 g	Joghurt
50 g	Crème fraîche
1 TL	Senf
	Kräutersalz, Pfeffer
	Blüten von der Kapuzinerkresse

1 Radieschen in kleine Würfel schneiden. Kresse mit einer Schere abschneiden. Kapuzinerkresse fein hacken.

2 Quark, Joghurt, Crème fraîche und Senf in einer Schüssel verrühren. Radieschen und Kresse untermischen. Mit Kräutersalz und Pfeffer abschmecken. Mit den Blüten garniert servieren.

Der Klassiker gehört auf jede Grillkartoffel. Frische Minze macht aus dem normalen Kräuterquark einen besonderen Genuss.

Minziger Kräuterquark

Das passt dazu

Die gegrillten Kartoffeln (Seiten 35, 65), die Gemüsespieße (Seite 65), das Ratatouille (Seite 68) oder die gefüllten Gemüsezwiebeln (Seiten 86, 104).

10 min

2 Zweige	Minze
2 Zweige	Basilikum
2 Zweige	glatte Petersilie
300 g	Joghurt
100 g	Magerquark
1 TL	scharfer Senf
Einige	Schnittlauchhalme
	Meersalz, Pfeffer

1 Kräuterblätter von den Zweigen zupfen und fein hacken, Schnittlauch in Röllchen schneiden.

2 Joghurt und Quark verrühren. Senf und Kräuter unterrühren. Mit Meersalz und Pfeffer abschmecken.

Vegane Variante Es gibt zwar keinen guten veganen Ersatz für Quark zu kaufen, aber die beiden hier vorgeschlagenen Saucen lassen sich gut mit Sojajoghurt zubereiten, den man einige Stunden in einem mit einem Geschirrtuch ausgeschlagenen Sieb abtropfen lässt und auf diese Weise eindickt.

Tipp

Dieser Dip passt gut zu gegrillten Kartoffeln (Seiten 35, 65) und zu Gemüsespießen (Seite 65). Oder einfach zu Brot.

Paprika-Walnuss-Paste

3	rote Paprikaschoten (oder 8 EL Paprikamark, 8 EL Wasser)
1	rote Chilischote (Sorte nach Geschmack)
2	Knoblauchzehen
½ Bund	Petersilie
50 g	altbackenes helles Brot
100 g	Walnusskerne
2 EL	Tomatenmark
50 ml	Olivenöl
1–2 EL	Harissa (arabische Würzmischung)
1 TL	Salz
1 TL	Zitronensaft

30 min

1 Paprikas vierteln. Auf dem Grill oder im Backofen bei 250 °C backen, bis die Haut schwarze Blasen wirft. Nun etwas abkühlen lassen, Haut abziehen. Oder 8 EL Paprikamark und Wasser mischen.

2 Chili entkernen, Knoblauch häuten, beides klein schneiden. Petersilie fein hacken. Hartes Brot leicht mit Wasser anfeuchten.

3 Paprikas (oder Paprikamark und Wasser) mit Walnüssen, Knoblauch, Brot, Chili, Tomatenmark und Öl in einer Küchenmaschine zu einer glatten Paste mixen. Mit Harissa, Salz und Zitronensaft abschmecken und die Petersilie unterheben.

Schnelle Ajvar-Schafskäse-Paste

10 min

100 g	Ajvar (Glas)
200 g	Schafskäse
20 ml	Olivenöl
1 Zweig	Minze

Ajvar und Schafskäse in einen Mixer geben. Das Öl langsam während des Mixens hinzugeben, bis eine mittelfeine Creme entsteht. Auf einen Teller geben und mit gehackter Minze garnieren.

Variante Fruchtig-mexikanisch wird es, wenn Sie noch eine reife, halbe Mango hinzugeben und alles zu einer feinen Creme pürieren.

Barbecuesauce

Guacamole

Barbecuesauce

40 min

50 ml	Ketchup
50 ml	Rotwein
2 EL	Sojasauce
2 EL	Tomatenmark
2 EL	Espresso (oder starker Kaffee)
2 TL	Essig
½ TL	Chilipulver
1 TL	gemahlener Kreuzkümmel
100 g	Zwiebeln
1–2	Knoblauchzehen
2 EL	Rapsöl
2 EL	brauner Zucker
1	Lorbeerblatt
1 TL	Rauchsalz oder Liquid Smoke
	Tabasco
	Pfeffer, Salz

1 Ketchup, Rotwein, Sojasauce, Tomatenmark, Espresso, Essig, Chili- und Kreuzkümmelpulver in einem Gefäß gut verrühren.

2 Zwiebeln schälen, sehr fein würfeln. Knoblauch abziehen, dann pressen oder hacken.

3 Zwiebel und Knoblauch in Öl anschwitzen. Den braunen Zucker hinzugeben und karamellisieren lassen. Mit dem flüssigen Ketchup-Gemisch ablöschen, Lorbeer dazugeben und langsam aufkochen lassen. Hitze reduzieren und für 20–30 Minuten weiter kochen lassen, bis eine dickliche Sauce entstanden ist. Rauchsalz/Liquid Smoke hinzugeben und mit Tabasco, Pfeffer und Salz abschmecken. Diese Barbecuesauce passt sehr gut zu den Burgern, die Sie auf den Seiten 150–165 finden, zu gegrilltem Gemüse (etwa zu den Gemüsespießen von Seite 65) und natürlich zu veganen Würstchen (Seite 99).

Guacamole

20 min

1	Schalotte (oder Frühlingszwiebel)
1	Knoblauchzehe
1	rote Chilischote
1 EL	Korianderblätter (Menge nach Geschmack anpassen)
1	reife Tomate
2	reife Avocados
1	große (oder 2 kleine) Limetten
2 EL	Olivenöl
	Salz, Pfeffer
	Chilipulver (oder Cayennepfeffer)

1 Schalotte und Knoblauch schälen und sehr fein hacken. Chilischote längs aufschlitzen, Kerne, Trennwände und Stiel entfernen, Schoten waschen und fein hacken. Koriandergrün ebenfalls fein hacken. Tomate 1 Minute in kochendes Wasser legen, kalt abschrecken, die Haut ablösen, vierteln und Kerne entfernen. Tomatenfleisch in sehr kleine Würfel schneiden.

2 Die reifen Avocados teilen, vom Kern befreien, das Fruchtfleisch mit einem Löffel entnehmen und in grobe Stücke schneiden. In eine Schüssel geben und mit einer Gabel grob zerdrücken. Rasch die Limetten darüber auspressen, damit das Avocadomus nicht braun wird.

3 Avocadomus mit Öl, Schalotte, Knoblauch, Tomate, Chilischote und Koriander vermischen, sodass eine cremige Masse entsteht. Mit Salz, Pfeffer und ggf. Chilipulver abschmecken. Die Guacamole passt sehr gut zu den Chimichangas und Quesadillas, die Sie auf den Seiten 152 bis 155 finden.

Die Ketchup-Variante mit Cashewkernen passt gut zu gegrillten Süßkartoffeln oder Kochbananen – oder einfach zu Brot oder gegrilltem Gemüse.

4 | 5 g E, 10 g F, 7 g KH | 140 kcal

Rote Bete verleiht traditionellem Hummus nicht nur eine spektakuläre Farbe, sondern auch einen dezent erdigen Geschmack.

8 | 3 g E, 6 g F, 8 g KH | 105 kcal

Die schnelle Chili-Sauce schmeckt sehr gut zu den Chimichangas und Quesadillas (Seite 152 bis 155).

4 | 1 g E, 3 g F, 6 g KH | 56 kcal

Cashew-Ketchup

4	getrocknete Tomaten (in Öl eingelegt)
1	kleine Knoblauchzehe (optional)
80 g	Cashewnüsse
6 TL	Tomatenmark
1 EL	Edelhefe
1 EL	Weißweinessig
2 TL	Paprika edelsüß
½ TL	brauner Zucker
	Salz
	Wasser

1   Tomaten etwas abtropfen lassen und in kleine Stücke schneiden. Wenn Knoblauch gewünscht, diesen schälen und klein schneiden.

2   Alle Zutaten in einer Küchenmaschine zu einer Creme pürieren und mit Salz abschmecken. Um die gewünschte Konsistenz des Ketchups zu erreichen, etwas Wasser hinzufügen.

Rote-Bete-Hummus

250 g	gekochte Kichererbsen (Dose)
120 g	Rote Bete (roh oder gekocht)
1	Knoblauchzehe
2 EL	Olivenöl
2 EL	Tahin (Sesammus)
½ TL	Salz
	Saft von 1 großen Zitrone

1   Kichererbsen abtropfen lassen. Rohe Rote Bete schälen und fein reiben. Gekochte Bete schälen und klein würfeln. Knoblauch schälen und hacken.

2   Alle Zutaten im Mixer oder der Küchenmaschine zerkleinern, bis eine sämige Konsistenz entsteht. Mit Salz und Zitronensaft abschmecken.

Schnelle Chili-Sauce

3	Tomaten (ca. 100 g)
2	Zwiebeln (ca. 80 g)
2	Knoblauchzehen
5	getrocknete Chilischoten
4 EL	Tomatenmark
3 EL	Apfelessig
1 EL	Olivenöl
1 EL	Akazienhonig
½–1 TL	frische Korianderblätter
	Salz, Pfeffer

1   Tomaten kurz in kochendes Wasser legen, mit kaltem Wasser abschrecken und die Haut abziehen. Zwiebeln schälen und fein hacken. Knoblauch abziehen und fein hacken. Die Chilischoten vom Stiel befreien und mit einem scharfen Messer in kleine Stücke schneiden. Korianderblätter grob hacken.

2   Alle Zutaten im Mixer zu einer glatten Sauce pürieren. Mit Salz und Pfeffer abschmecken.

Kräuterbutter ist ein Standard bei jedem Grillfest. Im Spätsommer lohnt sich ein Spaziergang über Wiesen und Weiden, um eine aromatische Mischung von Wildkräutern zu sammeln. Aus der kann man eine fantastische und garantiert einzigartige Kräuterbutter zubereiten.

Mit Knoblauch, Oliven, getrockneten Tomaten und Basilikum bekommt Kräuterbutter eine mediterrane Note.

Wildkräuterbutter

1	Knoblauchzehe
30 g	Wildkräuter
250 g	weiche Butter
	Salz, Pfeffer aus der Mühle

1   Knoblauch schälen und pressen oder sehr fein hacken. Wildkräuter waschen und fein hacken.

2   Alle Zutaten verkneten und mit Salz und Pfeffer abschmecken.

Variante   Sehr fein und zugleich kräftig im Geschmack ist Bärlauch-Butter. Verkneten Sie dazu ca. 200 g fein gehackten Bärlauch mit 125 g Butter und geben Sie die geriebene Schale einer Biolimette und eine Prise Salz dazu.

Italienische Kräuterbutter

2	Knoblauchzehen
40 g	schwarze Oliven
25 g	getrocknete, in Öl marinierte Tomaten
6 Stiele	frisches Basilikum
250 g	weiche Butter
	Salz, Pfeffer aus der Mühle

1   Knoblauch schälen und pressen oder sehr fein hacken. Oliven entkernen und fein hacken. Tomaten fein würfeln. Basilikumblätter fein hacken.

2   Alle Zutaten verkneten und mit Salz und Pfeffer abschmecken.

Tipp

Viele wilde Gewächse sind für die Kräuterbutter geeignet: etwa Schafgarbe, Giersch, Pimpinelle, Löwenzahn, Hirtentäschel, wilder Majoran, wilder Thymian, Spitzwegerich, Gundermann, Dost, Rosmarin, Bärlauch, Knoblauchsrauke, wilde Kresse, Baumspinat, Beifuß oder wilder Schnittlauch.

Vegane Dips? Kein Problem: Mit diesen Rezepten gelingen sie auch ohne Ei perfekt. Denn Mayonnaise, Remoulade und Aioli gehören zu Burgern, Grillkartoffeln und Grillgemüse einfach dazu.

Mayonnaise

Remoulade

Basilikum-Aioli

Vegane Mayonnaise

15 min

50 ml	zimmerwarme Sojamilch
1 TL	Weißwein- oder Apfelessig
100 ml	Rapsöl
	Salz, Pfeffer

Sojamilch und Essig in ein hohes Gefäß geben. Mit einem Stabmixer auf höchster Stufe vermixen, langsam das Öl in einem dünnen Strahl einfließen lassen. So lange mixen, bis eine homogene feste, weißlich-cremige Mayonnaise entstanden ist. Wenn es nicht fest wird, etwas weiteres Öl hinzugeben.

Vegane Remoulade

15 min

1	mittelgroße saure Gurke
Je 3 EL	krause Petersilie und Schnittlauch
2 EL	frischer Estragon (oder 1 TL getrockneter)
1 TL	Dillspitzen
150 ml	vegane Mayonnaise (siehe oben)
1 EL	mittelscharfer Senf
	Salz, Pfeffer

Gurke und Kräuter fein hacken. Mit Senf und Mayonnaise verrühren, salzen und pfeffern. Bis zum Gebrauch kalt stellen.

Vegane Basilikum-Aioli

15 min

2	Knoblauchzehen
1 Handvoll	Basilikumblätter
	Zitronensaft
150 ml	vegane Mayonnaise (siehe oben)
	Salz, Pfeffer

Knoblauchzehen häuten und klein hacken. Mit Basilikumblättern und etwas Salz in einem Mörser zerreiben. Zitronensaft zugeben und gut verrühren. Die Basilikumpaste mit der Mayonnaise vermischen und mit Pfeffer und Salz abschmecken.

Saucen, Dips & Pasten

Tipps

Werden die Dips vor dem Servieren einige Zeit kalt gestellt, sind sie anschließend etwas fester.

Zur Basilikum-Aioli passt der Portobello-Burger sehr gut (Seite 150).

Gemüse pur

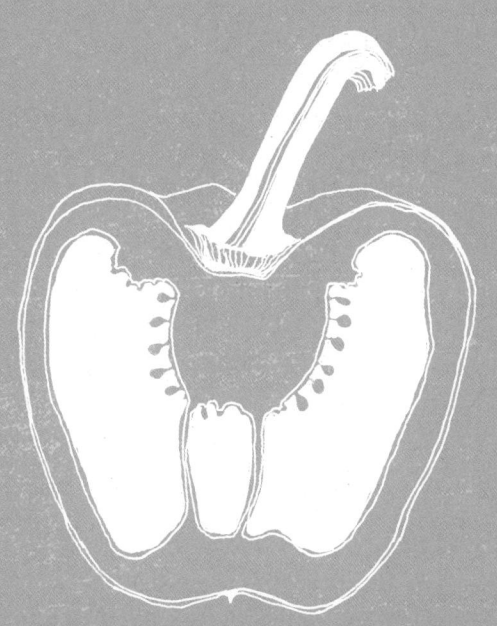

In diesem Kapitel spielt Gemüse die erste Geige und muss sich nicht mit der Rolle einer Zutat unter vielen zufriedengeben. Gespießt, gefüllt, mariniert oder zu Päckchen geschnürt – hier erfahren Sie, wie vielfältig verschiedenste Gemüsearten auf dem Grill zubereitet werden können.

Die Rezepte für eine Grüne Sauce sind so unterschiedlich wie das Angebot der verschiedenen regionalen Kräuter. Mit Wildkräutern zubereitet, wird es etwas ganz Besonderes: Wer offen für neue Geschmackserfahrungen ist, wird seinen Gefallen daran finden.

13 g E, 23 g F, 28 g KH
382 kcal
8
15 Minuten vorbereiten
2 Stunden kühlen
15 Minuten grillen

Peperoni und Chilipulver verleihen den Gemüsespießen Schärfe.

4 g E, 11 g F, 5 g KH
144 kcal
8
15 Minuten vorbereiten
2 Stunden marinieren
10 Minuten grillen

Tipp

Meiden Sie Pflanzen von „schmutzigen" Orten, z. B. Straßenrändern oder Plätzen, die oft von Hunden besucht werden.

Grillkartoffeln mit wilder Frankfurter Grüner Sauce

300 g	Wildkräuter (je nach Vorkommen: Taubnesselblätter, Sauerampfer, Giersch, Knoblauchsrauke, Löwenzahn, Brennnessel-Spitzen, Vogelmiere)
500 g	saure Sahne, Schmand oder Crème fraîche
1 EL	Essig
	Öl
	Salz, Pfeffer
8	Bio-Eier
8	große Kartoffeln
Außerdem	Alufolie

1 Die Kräuter waschen, verlesen, dabei harte Stiele entfernen, und etwas abtrocknen. Möglichst klein schneiden oder hacken (nicht pürieren). Mit saurer Sahne, Schmand oder Crème fraîche vermischen, Essig und 1 EL Öl unterrühren und mit etwas Salz und Pfeffer würzen. 2 Stunden kühl stellen.

2 Die Eier hart kochen, schälen und halbieren.

3 Die Kartoffeln gut waschen, mit der Schale weich kochen. Je eine gekochte Kartoffel auf ein Stück Alufolie legen. Mit Öl beträufeln, Salz und Pfeffer darübergeben. Die Alufolie zusammenfalten, sodass die Kartoffeln komplett eingepackt sind. Die Kartoffelpakete ca. 15 Minuten in die Glut legen.

4 Die Kartoffeln auspacken und mit der Sauce sowie den Eiern auf Tellern anrichten.

Variante Für eine klassische Frankfurter Grüne Sauce (Frankfotter Grie Soß) verwenden Sie statt der Wildkräuter 300 g der sieben „originalen" Kräuter: krause Petersilie, Schnittlauch, Sauerampfer, Borretsch, Kresse, Kerbel, Pimpinelle.

Scharfe Gemüsespieße

3	schmale Zucchini
16	große Knoblauchzehen
16	eingelegte Peperoni (Schärfe nach Geschmack)
16	kleine Champignonköpfe
½	Zitrone
4 EL	Cashewmus
4–5 EL	Erdnussöl (oder Rapsöl)
½ TL	Chilipulver
1 TL	Meersalz

1 Die Zucchini (ohne die Enden) in knapp 1 cm dicke Scheiben schneiden. Knoblauchzehen abziehen. Peperoni abtropfen lassen. Für die Spieße abwechselnd Zucchini, Knoblauch, Pilze und Peperoni auf die Spieße stecken.

2 Zitronenhälfte auspressen. Den Saft für die Marinade mit Cashewmus, Öl und Chilipulver verrühren. Nach Geschmack salzen.

3 Die Spieße in der Marinade mehrmals wenden und in einem flachen Gefäß etwa 2 Stunden ziehen lassen.

4 Spieße direkt auf dem Rost bei mittlerer direkter Hitze ca. 8–10 Minuten grillen, bis das Gemüse angebräunt ist und Grillmuster aufweist. Dabei mehrmals wenden. Zum Abschluss der Grillzeit mit der restlichen Marinade bestreichen und servieren.

Begleitung

Dazu passen die würzigen Brotspieße von Seite 176 und der Cashew-Ketchup von Seite 57.

Frisch soll sie sein! Wer Rote Bete bisher nur in essigsaurer Marinade aus dem Glas kannte, hat wirklich etwas verpasst: Die roten Knollen sind nicht nur supergesund, sondern auch echte Geschmackswunder. Zu ihrem milden Aroma passt ein würziger Kontrast – wie der Ziegenkäse im gegenüberliegenden Rezept.

8 · 5 g E, 22 g F, 9 g KH · 257 kcal
25 Minuten vorbereiten
15 Minuten grillen

Noch ein toller Kontrast zur Roten Bete ist Meerrettich. Direkt von der Wurzel abgerieben, wird seine erfrischende Schärfe in einem Dressing verfeinert.

4 · 1 g E, 15 g F, 7 g KH · 175 kcal
15 Minuten vorbereiten
15 Minuten grillen

Tipps

Verwenden Sie eine Grillschale zum Grillen: So können auch kleinere Scheiben nicht durch den Rost fallen. Die Grilldauer verlängert sich auf ca. 20 Minuten.

Sehr alte und heute seltene Arten sind Gelbe und Weiße Bete. Sie sind nur wenig süßer als ihre rote Schwester – dafür aber ein ordentlicher Hingucker.

Gemüse pur

Rote Bete mit Ziegenkäse und Nüssen auf Feldsalat

 40 min

3	frische Rote Beten (ca. 300 g)
1	Limette
180 g	Ziegenfrischkäse
100	Walnusskerne
6 EL	Balsamico-Essig
6 EL	Olivenöl
2 EL	Walnussöl
1 EL	mittelscharfer Senf
	Salz, Pfeffer
300 g	Feldsalat
2 EL	Cranberrys (getrocknet)
Außerdem	Kartoffeln
	Rosmarin
	Empfehlung: Grillschale

1 Rote Beten schälen und die Enden abschneiden. In 1–1,5 cm dicke Scheiben schneiden. Limette halbieren, auspressen. Ziegenkäse zerbröseln. Walnusskerne grob hacken und leicht anrösten.

2 Für die Vinaigrette Essig, die Öle, Limettensaft und Senf verrühren, mit Salz und Pfeffer abschmecken.

3 Die Rote-Bete-Scheiben auf beiden Seiten mit etwas Vinaigrette bestreichen und über direkter mittlerer Hitze bei geschlossenem Deckel etwa 12–15 Minuten grillen, bis sie weich sind, dabei einmal wenden.

4 Zum Servieren Feldsalat auf Tellern anrichten, Rote-Bete-Scheiben daraufsetzen, mit Käse, Nüssen und Cranberrys bestreuen und die Vinaigrette darübergeben.
Dazu passen die gegrillten Süßkartoffeln von Seite 44 oder die Rosmarinkartoffeln von Seite 35.

Rote Bete mit Meerrettichdressing

3	frische Rote Beten (ca. 300 g)
1 EL	Meerrettich, frisch gerieben (oder Glas)
1 EL	Senf
	Salz, Pfeffer
4 EL	Balsamico-Essig
6 EL	Rapsöl

1 Rote Beten schälen und die Enden abschneiden. In 1–1,5 cm dicke Scheiben schneiden. Aus Meerrettich, Senf, Salz, Pfeffer, Essig und Öl ein Dressing zubereiten.

2 Die Beten bei mittlerer Hitze indirekt etwa 15 Minuten garen, dabei einmal wenden. Zum Servieren mit dem Meerrettichdressing anrichten.
Dazu passen die pfeffrigen Polenta-Taler von Seite 40 oder die gegrillte Süßkartoffeln von Seite 44.

Das provenzalische Sommerschmorgericht **Ratatouille lässt sich hervorragend in einem Folienpäckchen oder am besten in kleinen, feuerfesten Auflaufformen auf dem Grill zubereiten. Es passt sehr gut zu Grillkartoffeln, Sojasteaks und vegetarischen Würstchen.**

2 g E, 12 g F, 5 g KH
137 kcal
4
10 Minuten vorbereiten
20 Minuten grillen

Ratatouille-Päckchen

1	mittelgroße Zwiebel (ca. 60 g)
2	Knoblauchzehen
1	Paprika
1	mittlerer Zucchino (ca. 150 g)
1	kleine Aubergine (ca. 150 g)
2	Tomaten (ca. 150 g)
4	Stängel frischer Thymian (oder 1 TL getrocknet)
1 TL	Paprikapulver
	Pfeffer, Salz
10–15	Oliven (grün oder schwarz)
4 EL	Olivenöl
Außerdem	4 Stücke Alufolie (ca. 30 cm x 30 cm) oder feuerfeste Portionsschalen

30 min

1 Die Zwiebel schälen und in grobe Würfel schneiden. Knoblauch schälen und in feine Würfel schneiden. Das restliche Gemüse grob würfeln, die Oliven ggf. entkernen, halbieren, vierteln oder in Scheiben schneiden. Mit Thymian, Paprika, Pfeffer und etwas Salz würzen. Olivenöl dazugeben und alles gut vermischen.

2 Die Gemüsemischung auf die Alufolienstücke legen, die Päckchen gut verschließen und 15–20 Minuten bei mittlerer Hitze garen.

Variante Etwas aufwendiger, aber sehr aromatisch ist es, Ratatouille aus Grillgemüse zuzubereiten. Dazu das Gemüse zuerst direkt auf dem Rost grillen. Dann klein schneiden und in einer Wok- oder Grillpfanne in etwas Olivenöl auf dem Grill nochmals einige Minuten braten. Tomatensauce, Kräuter und Gewürze hinzugeben und noch wenige Minuten schmoren.

Gemüse pur

Tipps

Stilvoller und umweltfreundlicher ist es, wenn statt der Alufolie kleine feuerfeste Portionsschalen verwendet werden.

Servieren Sie das Ratatouille mit veganer Basilikum-Aioli (Seite 60). Dazu passen frisches Weißbrot oder die würzigen Brotspieße von Seite 176 sehr gut.

Couscous, aus Nordafrikas Küchen stammend, ist längst auch hierzulande als vielseitige Speise angekommen. Die Zubereitung ist einfach: Mit kochendem Wasser oder Gemüsebrühe übergießen, einige Minuten quellen lassen, fertig. Mandeln, Datteln und indische Gewürze sorgen für ‚eine exotische Note.

Geschmorte Pilze

Herbstgemüse-Päckchen

Gefüllte Paprikaschoten mit Couscous, Mandeln & Datteln

65 min

80 g	Mandelblättchen
40 g	Pinien- oder Zedernusskerne
2	Schalotten
60 g	Datteln (ohne Kern)
8	mittelgroße Spitzpaprikaschoten
1	Bio-Zitrone
150 g	Couscous
1 Msp.	Safran
200 ml	heiße Gemüsebrühe
3 EL	Pflanzenöl
1 EL	Currypulver
1 ½ TL	Garam Masala
	Salz
½ TL	Cayennepfeffer

1 Mandelblättchen und Pinienkerne nacheinander trocken rösten und beiseitestellen. Schalotten schälen und fein würfeln. Datteln in kleine Würfel schneiden. Paprikaschoten längs aufschneiden (nicht halbieren), entkernen und waschen. Zitrone längs in Achtel schneiden, das Fruchtfleisch entfernen und klein hacken. Die Schale aufheben und bereitstellen.

2 Couscous, Datteln, Zitronenfleisch, gehackte Schalotten und Safran in eine Schüssel geben, vermischen und die heiße Brühe darübergießen, verrühren und 20 Minuten quellen lassen. Dabei ab und zu mit einer Gabel etwas auflockern. 2 EL Öl dazugeben, mit Curry, Garam Masala, Salz und Cayennepfeffer kräftig würzen. Mandeln und Pinienkerne unter das Couscous heben.

3 Paprikaschoten mit Couscous-Mischung füllen. Jeweils ein Stück Zitronenschale mit der Außenseite nach außen in die Öffnung schieben und diese dadurch verschließen. Paprika bei mittlerer indirekter Hitze und wenn möglich geschlossenem Deckel etwa 15 Minuten garen. Zum Abschluss auf direkter Hitze von allen Seiten insgesamt 3–4 Minuten anrösten.

Variante Verfeinern Sie die Füllung mit etwas gehackter frischer Minze.

Tipp

Spielen Sie mit den Farben der Natur und verwenden Sie auch gelbe und orangefarbene Paprika.

Gemüse pur

Geschmorte Pilze

250 g	Kräutersaitlinge und Champignons
1	mittelgroße Zwiebel (ca. 60 g)
2	Knoblauchzehen
2 TL	gehackte mediterrane Kräuter
4 EL	Olivenöl
	Salz, Pfeffer
Außerdem	4 Stücke Alufolie (ca. 30 cm x 30 cm) oder feuerfeste Portionsschalen

1 Pilze putzen und in ca. 1 cm große Stücke schneiden. Zwiebel halbieren und in feine halbe Ringe schneiden. Knoblauch schälen und fein hacken oder pressen.

2 Pilze mit Zwiebel, Knoblauch, Kräutern, Olivenöl, Salz und Pfeffer in einer Schüssel vermischen. Die Pilzmischung auf die Alufolienstücke legen.

3 Die Päckchen gut verschließen und 15–20 Minuten bei mittlerer Hitze garen.

Dazu passen die pfeffrigen Polenta-Taler von Seite 40 oder Rosmarinkartoffeln von Seite 35.

30 min

Tipp
Stilvoller und umweltfreundlicher sind kleine Portionsschalen anstelle der Alufolie.

Tipp
Im Päckchen auf dem Grill geschmort gelingt fast alles. Denn eigentlich kann nichts schief gehen: Die Vorbereitung geht schnell und die Alupäckchen eignen sich hervorragend zum Transport, etwa für ein Grillen im Park.

40 min

Herbstgemüse-Päckchen

4	Möhren (ca. 140 g)
2	Pastinaken (ca. 50 g)
1–2	Süßkartoffeln (ca. 250 g)
4	kleine Rote Bete (ca. 300 g)
4	rote Zwiebeln oder 8 Schalotten
8	kleine, neue Kartoffeln
4	Knoblauchzehen
50 g	Walnusskerne
4 EL	Olivenöl
4 EL	Balsamico-Essig
	Salz, Pfeffer
4	Stängel Thymian
Außerdem	4 Stücke Alufolie (ca. 30 cm x 30 cm) oder feuerfeste Portionsschalen

1 Möhren, Pastinaken, Süßkartoffeln, Rote Beten und Zwiebeln schälen. Die Möhren und Pastinaken längs und quer halbieren. Die Zwiebeln je nach Größe vierteln, halbieren oder ganz lassen. Die Süßkartoffeln und Rote Beten in grobe Stücke schneiden. Die Kartoffeln waschen und, falls nötig, halbieren. Die Knoblauchzehen mit einem Löffel oder Messer andrücken, damit die Schale aufplatzt.

2 Das Gemüse und die Walnusskerne in eine Schüssel geben, mit Öl und Essig vermengen und kräftig mit Salz und Pfeffer würzen. Gemüse auf mehrere Stücke Alufolie verteilen, obenauf einen Thymianzweig legen.

3 Folie zu Päckchen formen und ca. 25–30 Minuten bei mittlerer Hitze garen lassen.

Echtes American Barbecue geht nicht ohne Maiskolben. Dosenmais fällt dabei natürlich durch – nicht nur geschmacklich. Grillen Sie die frischen Kolben am besten in den eigenen Blättern. Am besten schmeckt der süße Mais mit einer würzig-frischen Würzbutter.

15 Minuten vorbereiten
30 Minuten grillen

Maiskolben mit Limettenbutter

4	frische Maiskolben mit Hüllblättern
2	Bio-Limetten
1 TL	schwarze oder bunte Pfefferkörner
100 g	Butter

1 Maiskolben mit Hüllblättern für 10–15 Minuten in kaltes Wasser einlegen.

2 Erste Limette heiß waschen, abtrocknen und Schale fein abreiben. Pfefferkörner im Mörser zerstoßen oder grob mahlen. Die zimmerwarme Butter mit Limettenschale und Pfeffer verrühren und mit Salz abschmecken. Zweite Limette in vier Spalten teilen.

3 Maiskolben auf den Grill legen und ca. 10 Minuten bei hoher Temperatur grillen, bis die Blätter verkohlt sind, dabei mehrmals wenden.

4 Mais vom Grill nehmen und mit einem Küchentuch die Blätter zurückschlagen. Die Fäden entfernen. Die Kolben bei geringerer Temperatur wieder auf den Grill legen, bis die Körner bräunlich werden (etwa 10–15 Minuten).

5 Den Mais auf Teller legen, mit der Butter bestreichen und mit Limettenspalten garniert servieren.

Variante Sehr gut passt zum Maiskolben auch Chili-Butter. Dazu 2 kleine Chilischoten fein hacken und mit 100 g zerlassener Butter verrühren. Mit Salz und Pfeffer würzen.

Tipps

Keine Sorge: Die Schale verbrennt, der Kolben selbst wird lediglich schön braun.

Wenn es schneller gehen soll, können Sie den Maiskolben auch vorkochen und nur noch zum Fertiggrillen auf den Rost legen.

Risotto steht völlig zu Unrecht selten auf deutschen Grillrosten: Das Reisgericht eignet sich perfekt für aromatische Gemüsefüllung. Als wäre das nicht schon schmackhaft genug, bereiten wir in diesem Rezept eine ausgefallene Tomaten-Aprikosen-Sauce dazu.

8 g E, 10 g F, 50 g KH
340 kcal

50 Minuten vorbereiten
30 Minuten grillen

Mit Risotto gefüllte Paprika an Tomaten-Aprikosen-Sauce

80 min

	4	rote oder gelbe Paprikaschoten
1 Topf oder 1 Bund		Basilikum
	2	mittelgroße Zwiebeln (ca. 100 g)
	1	Knoblauchzehe
	300 g	Kirschtomaten
	40 g	Softaprikosen (getrocknet)
	150 g	Risottoreis
	20 g	Butter
	80 ml	Weißwein
	ca. 500 ml	Gemüsebrühe
	30 g	frisch geriebener Parmesan
		Salz, Pfeffer (aus der Mühle)
	2 EL	Aprikosenkonfitüre
	Etwas	Öl
	Außerdem	4 Stücke Alufolie (ca. 35 cm x 35 cm) oder feuerfeste Portionsschalen

1 Von den Paprika die Deckel abschneiden, aufbewahren. Kerne und weiße Scheidewände entfernen. Basilikumblätter in schmale Streifen schneiden. Zwiebel und Knoblauch abziehen und fein hacken. Die Kirschtomaten vierteln. Aprikosen fein hacken.

2 Für das Risotto die Hälfte der Zwiebeln und den Knoblauch in einem Topf in der Butter bei geringer Hitze zugedeckt 5 Minuten dünsten. Den trockenen Reis dazugeben und 5 Minuten glasig, aber nicht dunkel werden lassen. Mit Wein ablöschen und unter Rühren einkochen lassen. Nun immer wieder (mit einer Kelle) Gemüsebrühe hinzugeben und unter Rühren einkochen lassen, bis der Reis nach 25 – 30 Minuten weich ist. Vom Herd ziehen, Parmesan sowie die Hälfte der Basilikumstreifen unterrühren. Mit schwarzem Pfeffer aus der Mühle kräftig würzen.

3 Für die Sauce die zweite Hälfte der Zwiebelwürfel in heißem Öl andünsten. Tomaten, Aprikosen und Konfitüre hinzugeben und bei mittlerer Hitze ca. 10 Minuten köcheln. Die zweite Hälfte des Basilikums unterrühren. Mit Salz und Pfeffer würzen.

4 Die Paprikaschoten mit dem Risotto füllen. Deckel wieder aufsetzen. Paprika jeweils auf ein Stück Alufolie geben. Etwas Öl dazugeben, die Folie nach oben klappen und verschließen. Ca. 30 Minuten bei indirekter mittlerer Hitze und geschlossenem Deckel garen oder für 15 Minuten in die Glut legen.

5 Die Paprika aus der Folie nehmen und mit der Tomaten-Aprikosen-Sauce (warm oder kalt) servieren.

Tipp

Das Wichtigste beim Risotto ist beständiges Rühren, damit sich die Zutaten gleichmäßig vermengen, der Reis gut durchgart und vor allem nichts anbrennt.

Die milden Süßkartoffeln lassen den Steinpilzen und Nüssen im Rezept ausreichend Raum, sich zu entfalten. So entsteht ein Gericht, das wunderbar nach Wald und Abenteuer schmeckt. Die Knolle passt aber auch zu vielerlei anderen aromatischen Zutaten.

8 g E, 39 g F, 49 g KH
585 kcal

4

15 Minuten vorbereiten
20 Minuten grillen

Süßkartoffeln in Nuss-Steinpilz-Marinade

35 min

2–4	Süßkartoffeln (insg. ca. 800 g)
100 g	Walnusskerne
2 gehäufte EL	getrocknete Steinpilze
8 EL	Rapsöl
	Salz
	Pfeffer (frisch gemahlen)
4 Zweige	Rosmarin
Außerdem	4 Stücke Alufolie 30 cm x 30 cm

1 Süßkartoffeln schälen und quer in schmale Spalten schneiden. Nusskerne fein hacken, Steinpilze im Mörser zerreiben.

2 Steinpilze und Nusskerne mit dem Öl mischen. Paste mit Salz und frisch gemahlenem Pfeffer würzen.

3 Die Süßkartoffelscheiben fächerartig auf die Alufolie legen. Die Nuss-Steinpilz-Marinade darübergeben. Obenauf jeweils einen Rosmarinzweig legen. Die Alufolie schließen, dabei ein Päckchen oder „Bonbon" formen. Etwa 20 Minuten bei geschlossenem Deckel auf mittlerer indirekter Hitze garen.

Variante Süßkartoffeln schmecken auch sehr gut mit einer Marinade aus Olivenöl, Zitronen- oder Limettensaft und -schale, (frischem) Thymian sowie einer guten Prise Salz.

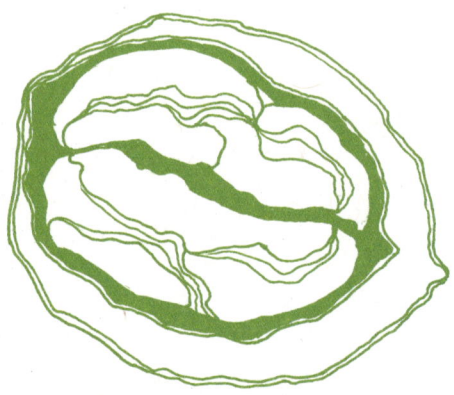

76 Gemüse pur

Pilzsaison

Frische Steinpilze können gemeinsam mit den Süßkartoffeln geschmort werden.

Statt der Walnüsse passen auch Haselnüsse sehr gut.

Ochsenherz ist geschmacklich eine der besten Tomatensorten. Der Name ist Programm: Bis zu 500 g schwer, stark gerippt und sehr fleischig – aber auch relativ saftarm, was sie zum perfekten Grillkandidaten für Füllungen macht.

4 | 9 g E, 11 g F, 38 g KH | 295 kcal
20 Minuten vorbereiten
15 Minuten grillen

Schnelle italienisch gefüllte Grilltomaten

4 | 8 g E, 22 g F, 14 g KH | 292 kcal
15 Minuten vorbereiten
15 Minuten grillen

Tipp

Ochsenherztomaten sind ausgereift nicht lange haltbar und daher selten zu bekommen. Nach dem Kauf bald verbrauchen!

Mit Bulgur gefüllte Ochsenherztomaten

2	mittelgroße Zwiebeln
4 EL	Olivenöl
150 g	Bulgur (mittelfein)
ca. 220 ml	heiße Gemüsebrühe
4	Ochsenherztomaten (oder andere große Fleischtomaten) (je ca. 200–250 g)
40 g	Zedernuss- oder Pinienkerne
½ Bund	Petersilie
½ Bund	Frühlingszwiebeln
30 g	Rosinen
1 TL	Paprikapulver, rosenscharf
1 TL	Zimt
	Salz, Pfeffer
Außerdem	Grillschale oder 4 Stück Alufolie (ca. 30 cm x 30 cm)

35 min

1 Zwiebeln schälen, fein würfeln. Öl in einem Topf erhitzen und die Zwiebel darin andünsten. Bulgur hinzufügen und kurz mitdünsten. Mit Brühe ablöschen, aufkochen lassen, vom Herd nehmen und 10–12 Minuten ausquellen lassen.

2 Von den Tomaten einen Deckel abschneiden, die Kerne mit einem Löffel herauskratzen, beides aufbewahren. Die Tomaten mit der offenen Seite nach unten abtropfen lassen.

3 Zedernuss- oder Pinienkerne in einer Pfanne ohne Fett rösten. Petersilienblätter fein hacken. Frühlingszwiebeln in dünne Röllchen schneiden.

4 Bulgur mit Olivenöl, Petersilie, Frühlingszwiebeln, Rosinen, den Tomatenkernen, Paprikapulver und Zimt mischen und mit Salz und Pfeffer abschmecken.

5 Tomaten innen mit Salz und Pfeffer würzen und mit dem Bulgur füllen. Die Deckel wieder aufsetzen. Tomaten auf eine geölte Grillschale setzen oder einzeln mit etwas Öl in Alufolie einschlagen. Bei geschlossenem Deckel und mittlerer Hitze 10–15 Minuten garen, bis das Fruchtfleisch weich ist.

Schnelle italienisch gefüllte Grilltomaten

2 Scheiben	Graubrot oder Ciabatta
125 g	Mozzarella
2 Stiele	Basilikum
6 EL	Olivenöl
1 Prise	gemahlene Muskatnuss
	Salz, Pfeffer
4	große Tomaten (je 150–200 g)
1 EL	Weißweinessig
Außerdem	Grillschale oder 4 Stück Alufolie (30 cm x 30 cm)

30 min

1 Brot und Mozzarella in jeweils ca. 1 cm große Würfel schneiden. Basilikumblätter in feine Streifen schneiden. 3 EL Öl in einer Pfanne erhitzen und die Brotwürfel darin von allen Seiten anbraten. Mit Muskat, Salz und Pfeffer würzen.

2 Von den Tomaten einen Deckel abschneiden. Tomaten mit einem Löffel entkernen und mit der Öffnung nach unten abtropfen lassen.

3 Mozzarella mit den Brotwürfeln mischen. Essig, 3 EL Olivenöl, Basilikum, Salz und Pfeffer dazugeben und alles gut vermengen. Die Tomaten mit der Mischung füllen und mit einem Tomatendeckel verschließen.

4 Tomaten auf eine geölte Grillschale setzen oder einzeln mit etwas Öl in Alufolie einschlagen. Bei geschlossenem Deckel und mittlerer Hitze 10–15 Minuten grillen, bis das Fruchtfleisch weich ist.

Variante Kosten Sie auch einmal andere Varianten als die gängige Rispentomate. Während Sie von unreifen, grünen Tomaten wegen des hitzebeständigen Giftstoffs Solanin Abstand nehmen sollten, bieten grünreifende Tomaten eine bunte und leckere Abwechslung.

Auf der Glut oder über dem Feuer geröstet, schmecken Auberginen und Zucchini erheblich besser als aus Backofen oder Pfanne. Mit einer asiatischen Glasur aus Miso – fermentierte Sojabohnenpaste, die in der japanischen Küche als Basis vieler Gerichte dient – werden sie zu einer ganz besonderen Delikatesse.

2 g E, 2 g F, 5 g KH
46 kcal
8
10 Minuten vorbereiten
10 Minuten grillen

Auberginen und Zucchini mit Miso-Glasur

20 min

2	Knoblauchzehen	
4 EL	Miso	
2 EL	Ahornsirup	
2 EL	Ingwer, fein gerieben	
2 EL	frisch gepresster Limetten- oder Zitronensaft	
1 EL	Tomatenmark	
1 EL	Rapsöl	
2	Auberginen	
2–3	Zucchini (nicht zu groß, max. 20 cm lang)	
Außerdem	8 gewässerte Holzspieße	

1 Für die Miso-Glasur den Knoblauch häuten, dann pressen oder fein hacken. Mit Miso, Ahornsirup, Ingwer, Limettensaft, Tomatenmark und Öl in eine Schüssel geben und gut verrühren.

2 Auberginen und Zucchini quer in ca. 1 cm dicke Scheiben schneiden. Die Scheiben so auf Holzspieße stecken, dass die Schnittflächen nach außen zeigen.

3 Die Gemüsescheiben mit Miso-Sauce bestreichen und auf den Grillrost legen. Bei direkter mittlerer Hitze von beiden Seiten insgesamt ca. 10 Minuten grillen, bis das Gemüse weich gegart ist. Mehrmals wenden und dabei immer wieder mit der Sauce bestreichen. Sofort servieren.
Dazu passen die Süßkartoffeln aus der Folie von Seite 44 und die Kochbananentaler von Seite 112.

Tipp

Wer mag, gibt nach dem Grillen einige Blättchen frischen Koriander über die Gemüsescheiben für noch mehr asiatischen Touch.

Minikürbisse – vielen eher als Zierkürbisse bekannt – werden wegen ihres hübschen Aussehens fast ausnahmslos für Dekoration verwendet. Damit wird man ihnen jedoch keinesfalls gerecht: Schon roh verzehrt schmecken sie köstlich nussig – und zum Füllen und Grillen eignen sie sich erst recht hervorragend.

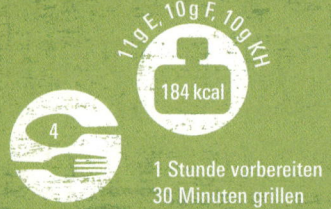

11 g E, 10 g F, 10 g KH
184 kcal
4
1 Stunde vorbereiten
30 Minuten grillen

Das maronenartige Aroma, das gegrillter Kürbis entwickelt, ist schon eine Versuchung. Mit einer Glasur aus Ingwer und Kokos, die beim Grillen karamellisiert, steigt das lange unterschätzte Gemüse in höchste kulinarische Sphären auf.

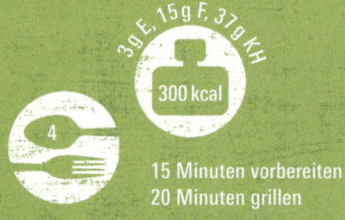

3 g E, 15 g F, 37 g KH
300 kcal
4
15 Minuten vorbereiten
20 Minuten grillen

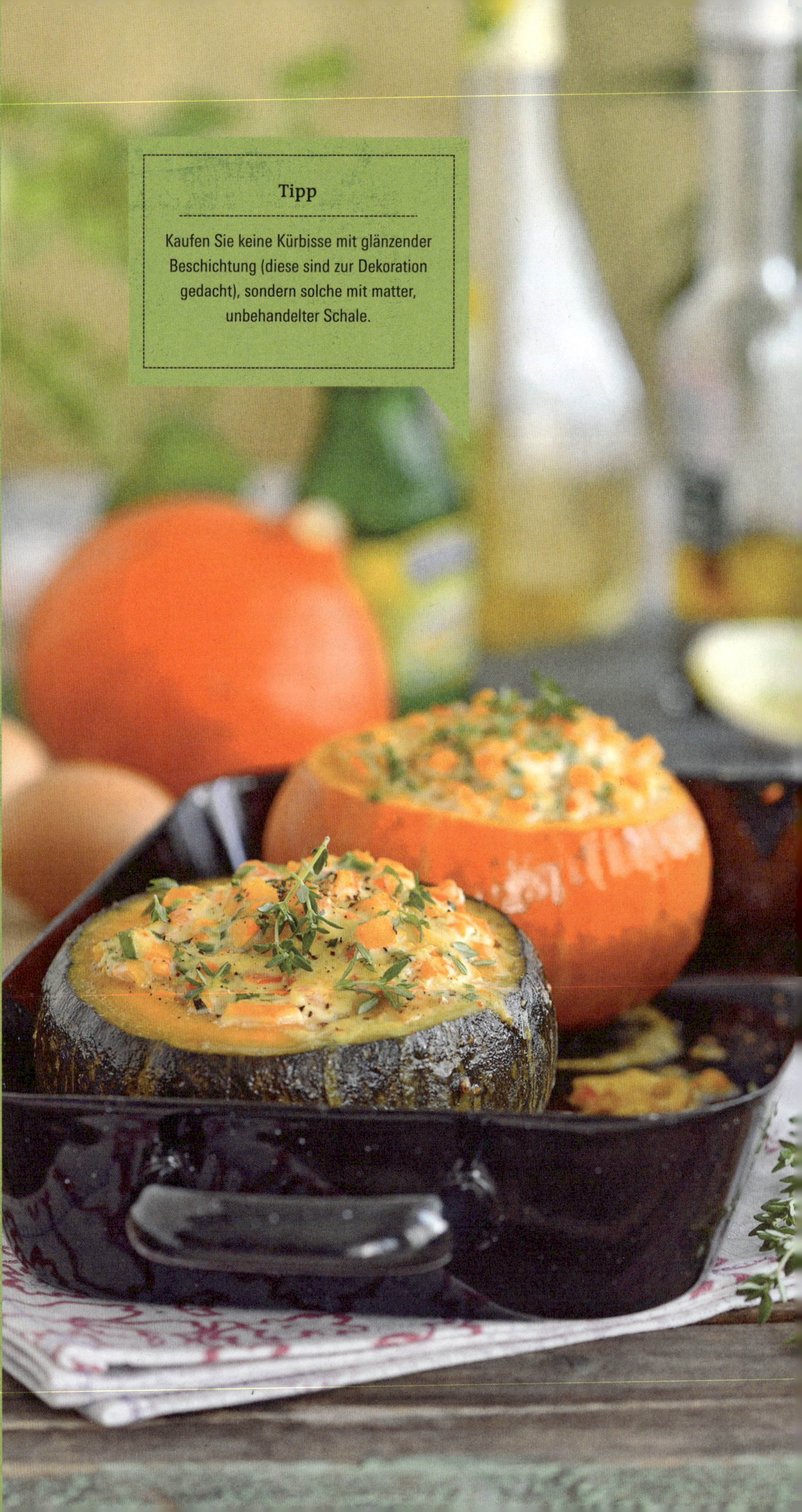

Tipp

Kaufen Sie keine Kürbisse mit glänzender Beschichtung (diese sind zur Dekoration gedacht), sondern solche mit matter, unbehandelter Schale.

Minikürbis mit Ricottafüllung

90 min

4	kleine Speisekürbisse (z. B. Sorte Jack be Little oder Sweet Dumpling)
1	rote Paprikaschote
1 Bund	gemischte Kräuter (Basilikum, Thymian, Majoran, Petersilie)
2	Knoblauchzehen
250 g	Ricotta
2	Bio-Eier (Größe S oder M)
	Salz, Pfeffer
	Cayennepfeffer
1 TL	abgeriebene Bio-Zitronenschale
500 ml	Gemüsebrühe
Außerdem	Auflaufform, alternativ: 4 Stück Alufolie (ca. 30 cm x 30 cm)

1 Die Kürbisse waschen, die Deckel abschneiden und Kerne sowie faseriges Fruchtfleisch entfernen. Dann Kürbis bis auf einen Rand von 1 cm Dicke aushöhlen – dieses Kürbisfleisch mit den Deckeln würfeln. Paprika waschen, putzen und würfeln. Kräuter waschen, trocken schütteln und hacken. Den Knoblauch schälen und fein hacken.

2 Ricotta mit Kürbisfleisch, Paprika, Kräutern, Knoblauch und den Eiern mischen. Dann mit den Gewürzen und der Zitronenschale abschmecken.

3 Die Kürbisse mit der Ricottamasse füllen. Nebeneinander in eine Auflaufform setzen, die Brühe angießen und bei indirekter mittlerer Hitze (ca. 180 °C) mit geschlossenem Deckel ca. 30 Minuten auf dem Grill backen. Alternativ lassen sich die Minikürbisse auch in Alufolie einwickeln und direkt auf den Rost legen.
Dazu passen die bunten Kartoffelspieße von Seite 37 oder die Rosmarinkartoffeln von Seite 35.

Variante Der Fantasie beim Befüllen sind kaum Grenzen gesetzt. Köstlich ist eine würzige Füllung aus Brot, Greyerzer-Käse, Crème fraîche und etwas Muskat – oder auch Räuchertofu, Oliven, Knoblauch, Paprika und Tomaten. Probieren Sie sich einfach aus.

Kürbis mit Ingwer-Kokos-Glasur

35 min

600 g	Kürbis (z. B. Butternut oder Hokkaido)
2	Knoblauchzehen
5–6 cm	Ingwer
100 ml	dicke Kokosmilch (Dose; den fettigen Teil, der sich oben abgesetzt hat)
3 EL	brauner Zucker
1 EL	Limettensaft (oder Zitronensaft)
¼ TL	Chilipulver
4 EL	Olivenöl
	Salz
2 EL	Korianderblätter oder Petersilie, gehackt

1 Kürbis aufschneiden, die Enden abschneiden und mit einem Löffel die Kerne und das faserige Fruchtfleisch entfernen. Kürbis in Spalten oder Scheiben (ca. 0,5–1 cm Dicke) schneiden.

2 Knoblauch schälen und pressen. Ingwer schälen und fein reiben. Kokosmilch leicht erwärmen und Zucker darin auflösen. Kokosmilch mit Limettensaft, Knoblauch, Ingwer und Chili verrühren und mit Salz abschmecken. Die Glasur in eine flache Schüssel geben.

3 Kürbisscheiben mit etwas Öl bepinseln und für ca. 12–15 Minuten bei direkter mittlerer Hitze beidseitig grillen. Heiß mit einer Grillzange in die Glasur legen und wenden, bis der Kürbis gleichmäßig damit überzogen ist. Erneut für 6–8 Minuten grillen, bis der Zucker karamellisiert ist.

4 Den Kürbis nach dem Grillen sofort noch einmal kurz in die Glasur geben. Mit Koriander oder Petersilie bestreuen und servieren.
Dazu passen die Süßkartoffeln von Seite 44 und die Kochbananentaler von Seite 112 sowie der Berglinsen-Birnen-Salat von Seite 29.

Kein klassisches Grillgericht, aber schön braun gebrutzelt schmecken Kohlrouladen herrlich süßlich und dezent – erst recht mit Maronenfülllung. Das Gericht erfordert etwas Aufwand, aber der wird auch belohnt: Nur Großmutters Kohlrouladen schmecken besser.

10g E, 44g F, 45g KH
632 kcal
4
40 Minuten vorbereiten
15 Minuten grillen

Spitzkohlrouladen mit Maronenfüllung und Salbei-Senf-Sauce

55 min

Kohlrouladen

8	Blätter Spitzkohl
200 g	gekochte Maronen
50 g	Walnusskerne
3	kleine Zwiebeln oder Schalotten
6 Blätter	Salbei
3 Zweige	Thymian
2	Brötchen vom Vortag (ca. 100 g)
60 g	Butter
3 TL	Tomatenmark
	Salz, Pfeffer, frisch geriebene Muskatnuss
1 EL	Hefeflocken
100 ml	Sahne
2 EL	Kartoffelmehl
Außerdem	Küchenzwirn

Sauce

1	kleine Zwiebel oder Schalotte
2 EL	Öl
6 EL	trockener Weißwein
6 Blätter	Salbei
100 ml	Sahne
3 TL	Dijon-Senf
	Salz, Pfeffer
Außerdem	ggf. Grillplatte, Grillschale ohne Löcher

1 Die harte Mittelrippe der Kohlblätter keilförmig herausschneiden. Die Kohlblätter ca. 2 Minuten in kochendes Salzwasser geben, dann in kaltem Wasser abschrecken. Die Blätter gut abtropfen lassen und beiseitestellen.

2 Die Maronen zerbröseln, die Walnüsse fein hacken, Zwiebeln bzw. Schalotten schälen und fein hacken, Salbeiblätter in feine Streifen schneiden, Thymianblätter abzupfen. Brötchen in ca. 0,5 cm große Würfel schneiden; die Würfel in der Hälfte der Butter in einer Pfanne bei mittlerer Hitze unter Rühren knusprig braten und beiseitestellen.

3 Zwiebelwürfel in der restlichen Butter glasig dünsten. Die Maronenbrösel, das Tomatenmark, Salbei und Thymian hinzugeben und alles 2–3 Minuten dünsten. Mit ca. 100 ml Wasser kurz aufkochen lassen und verrühren. Abschließend mit Salz, Pfeffer und Muskat würzen und in eine Schüssel geben. Mit den Brötchenwürfeln, den

Gemüse pur

Tipps

Wem es zu aufwendig ist, die Salbei-Senf-Sauce auf dem Grill zuzubereiten, der kann sie natürlich auch in der Küche vorbereiten und warmhalten.

Dazu passen die pfeffrigen Polenta-Taler von Seite 40 oder die bunten Kartoffelspieße von Seite 37.

gehackten Nüssen, den Hefeflocken und der Sahne zu einer teigartigen Masse vermengen. Wenn sie zu flüssig ist, mit etwas Kartoffel- oder Paniermehl binden. Etwa 20 Minuten ziehen lassen.

4 Aus der Maronenmasse mit den Händen 8 dickliche Röllchen formen. Die Kohlblätter mit je einem Röllchen belegen, die Seiten einschlagen und zu Rouladen aufrollen. Mit Küchengarn zusammenbinden. Mit etwas Öl bepinseln und 12–15 Minuten indirekt bei mittlerer Hitze grillen. Dann noch etwa 3 Minuten direkt grillen, bis die Kohlblätter leichte braune Grillstreifen erhalten.

5 Für die Sauce die Zwiebel schälen und fein hacken. In einer hohen Grillschale ohne Löcher das Öl erhitzen. Die Zwiebel glasig anschwitzen und den Wein angießen. Die Salbeiblätter dazugeben und 5 Minuten bei mittlerer Hitze ziehen lassen. Anschließend Sahne und Senf einrühren und mit Salz und Pfeffer abschmecken. Nochmals aufkochen lassen und mit den Rouladen servieren.

Gemüsezwiebeln sind milder als gewöhnliche Speisezwiebeln und eignen sich durch ihre Größe hervorragend dazu, gefüllt zu werden. Gegrillt vereinen sich milde und pikante Aromen zum vegetarischen Leckerbissen.

40 Minuten vorbereiten
20 Minuten grillen

Gefüllte Gemüsezwiebeln mit Couscous und Feta

60 min

4	Gemüsezwiebeln (je ca. 180 g)	
½ Bund	glatte Petersilie	
100 g	Champignons	
100 g	Feta	
1	Knoblauchzehe	
200 ml	Gemüsebrühe	
150 g	Couscous	
	Salz, Pfeffer	
6 EL	Olivenöl	
½ TL	gemahlener Kreuzkümmel	
½ TL	Koriandersamen (zerstoßen)	
4 TL	Balsamico-Essig	
Außerdem	8 Stück Alufolie (ca. 30 cm x 30 cm)	

1 Zwiebeln schälen und die oberen Enden etwa daumendick gerade abschneiden. Das Innere der Zwiebeln aushöhlen und beiseitelegen. Etwa 4 Zwiebelschichten stehen lassen. 50 g des Zwiebelinneren fein hacken. Petersilie grob hacken. Champignons putzen und fein würfeln. Fetakäse zerbröseln. Knoblauch häuten und fein hacken.

2 Gemüsebrühe aufkochen, Couscous hineinstreuen, umrühren und vom Herd nehmen. Zugedeckt 7–10 Minuten quellen lassen. Hin und wieder mit einer Gabel auflockern. Mit Salz und Pfeffer würzen.

3 In der Zwischenzeit Champignons, Knoblauch und gehackte Zwiebeln in einer Pfanne mit etwas Olivenöl anbraten. Koriander- und Kreuzkümmelpulver dazugeben und 2 weitere Minuten mitbraten.

4 Champignon-Zwiebel-Masse und Feta unter den Couscous rühren. Mit Salz und Pfeffer abschmecken und in die ausgehöhlten Zwiebeln füllen. Je eine gefüllte Zwiebel auf ein Stück Alufolie setzen. Folie um die Zwiebeln herumschlagen, je 1 TL Olivenöl sowie 1 TL Balsamico auf die Zwiebeln geben. Alufolie gut verschließen. Die eingewickelten Zwiebeln bei indirekter mittlerer Hitze ca. 20 Minuten im geschlossenen Grill garen. Vor dem Servieren die Folie öffnen und die gehackte Petersilie darüberstreuen.

Tipp

Sie können Gemüsezwiebeln mit fast allem füllen. Probieren Sie etwa auch Varianten mit Grünkern, mit Roquefort-Risotto oder mit Sojahackfleisch.

Umweltfreundlich grillen

Hände weg von Einweggrills. Komplett ausgestattet mit Holzkohle und Grillanzünder, sind die Schalen aus Aluminium beim Discounter oder an der Tankstelle oft schon unter zwei Euro das Stück zu haben. Praktisch und billig. Doch Einweggrills werden mit hohem Energieaufwand produziert und verursachen viel überflüssigen Abfall. Da sie keine Beine haben, verbrennen die Rasenflächen unter ihnen. Und gesund ist das Grillen auf dem Einwegschrott schon gar nicht: Köstliche Chemikalien werden als Anzünder der Kohle entweder direkt zugesetzt oder als eine Art Vlies darübergelegt – und deren Reste gelangen ins Essen. Selbst wenn man Mobilität höher als den perfekten Kugelgrill bewertet, gibt es inzwischen spezielle Grillmodelle als Fahrradanhänger, -gepäckträger oder -tasche.

Verwenden Sie umweltfreundliche Grillkohle. Viele der so schön glühenden Kohlen waren vor urzem noch Urwaldbäume. Daher beim Kauf der Kohle bitte unbedingt darauf achten, dass die Kohle aus heimischem Laubholz stammt. Das DIN-Prüfzeichen hilft dabei: Es sichert einen Mindeststandard an Qualität und geringer Umweltbelastung. Eine Gewähr für Rohstoffe aus nachhaltiger Waldbewirtschaftung bietet das Siegel des Forest Stewardship Council (FSC) – es sollte bei allen Holz- und Papierprodukten Standard sein! Achtung: Als „Grillkohle" oder „Grillbriketts" bezeichnete Produkte können Braunkohle enthalten – und die sollte besser in der Erde bleiben. Eine ökologische Alternative sind Briketts aus Olivenkernen aus der Olivenölproduktion. Sie brennen sehr ausdauernd und verursachen wenig Funkenflug.

Reduzieren Sie den Aluminiumverbrauch. Alufolie ist sehr praktisch, um Kartoffeln einzuwickeln oder gefüllte Päckchen herzustellen. In der direkten Hitze der Glut muss man sie verwenden, auf dem Rost eignen sich statt der Folie aber auch Bananenblätter und große Kohl-, Mangold-, Rhabarber- oder Weinblätter sehr gut. Dazu feste Blätter kurz blanchieren, damit sie sich besser wickeln lassen. Wenn das Päckchen nur indirekt gegrillt wird, können Sie es auch mit zwei oder drei Lagen Backpapier versuchen, die innen und außen mit Wasser befeuchtet wurden. Bananen werden in der eigenen Schale gegrillt. Statt Einweg-Aluschalen sollten Schalen aus Edelstahl oder Porzellan verwendet werden.

Verwenden sie nachhaltig erzeugte, regionale Lebensmittel. Kaufen Sie möglichst Gemüse, Obst und Käse aus der Region. Beste Qualität bringen Obst und Gemüse mit, wenn sie Saison haben. Dann überzeugen sie durch Frische und Geschmack, da sie nicht um den halben Globus transportiert wurden und unter freiem Himmel gereift sind. Um der Lebensmittelverschwendung etwas entgegenzusetzen, kaufen Sie auch Gemüse und Obst, das nicht dem gemeinen Schönheitsideal der Käufer und Supermarktbesitzer entspricht. Bei exotischen Südfrüchten sollte man unbedingt darauf achten, dass sie fair gehandelt sind und nicht mit dem Flugzeug transportiert wurden.

Wo immer möglich, sollten Sie Waren aus ökologischem Landbau verwenden. Das ist besonders bei Produkten tierischen Ursprungs wichtig: Die Anforderungen für die Tierhaltung sind beim Ökolandbau deutlich höher als in der konventionellen Landwirtschaft. Nochmals anspruchsvoller als beim EU-Ökosiegel ist der Tierschutzaspekt bei den anerkannten Bio-Anbauverbänden wie Bioland, Naturland oder Demeter.

Verzichten Sie auf Einweggeschirr und -besteck. So sparen Sie Ressourcen und vermeiden Müll. Bio-Einweggeschirr aus Zuckerrohr und Holz ist ein guter Anfang – aber vom eigenen Geschirr und richtigem Metallbesteck schmeckt es doch ohnehin am besten.

Denken Sie an die Natur und die Anwohner. Wenn Sie in der Natur grillen, halten Sie sich an die Verbote und grillen Sie nur dort, wo es gestattet ist. Achten Sie darauf, dass fliegende Funken keine Bäume in Brand setzen können, und respektieren Sie die Ruhezonen für Tiere. Auch in Städten ist Grillen nicht überall erlaubt, um die Anwohner vor zu viel Rauch zu schützen. Grundsätzlich ist Grillen im Garten und auf dem Balkon aber nicht verboten. Ob dort auch mit Holzkohle gegrillt werden kann, schätzen Juristen unterschiedlich ein. Auch wie oft gegrillt werden darf, wird verschieden beurteilt, unter anderem je nach Bundesland. Nehmen Sie auf jeden Fall Rücksicht auf die Nachbarschaft: Grillen Sie dort möglichst indirekt bei geschlossenem Deckel und benutzen Sie geruchsarme Grillanzünder – oder laden Sie sie mit ein.

Tofu, Tempeh & Seitan

Die Vielfalt der Produkte aus pflanzlichem Eiweiß – auch bekannt als „Fleischersatz" – ist hierzulande erst in den letzten Jahren erfreulich gewachsen. Dabei haben sie meist eine lange Tradition in den asiatischen Küchen. Heute erweitern die Proteinspender Seitan, Tofu und Tempeh das Spektrum der vegetarischen Grillrezepte enorm.

Saté oder Satay – auf Spieße gestecktes, gewürztes Rindfleisch – sind ein beliebtes Grillgericht, ursprünglich aus Indonesien. Aber auch das aus fermentierten Sojabohnen hergestellte Tempeh nimmt in diesem Land eine zentrale Rolle in der Ernährung ein. Da liegt die Idee doch nahe, Saté-Spieße mit Tempeh zu zaubern – und mit Erdnusssauce zu servieren.

21 g E, 37 g F, 11 g KH
472 kcal
4

30 Minuten vorbereiten
2 Stunden marinieren
10 Minuten grillen

Seitan besteht aus Weizeneiweiß und hat die Konsistenz von Fleisch. Pur ist er geschmacksneutral, was ihn vielseitig einsetzbar macht. Hier wird er in Ingwer und Knoblauch mariniert und fruchtig aufgespießt.

8 g E, 5 g F, 14 g KH
146 kcal
4

15 Minuten vorbereiten
2 Stunden marinieren
8 Minuten grillen

Tipp

Dazu passt das Naan-Brot von Seite 46.

92 Tofu, Tempeh & Seitan

Tempeh-Saté-Spieße mit Erdnusssauce

200 g	Tempeh
1	Limette
2	Schalotten
200 ml	Kokosmilch
EL	Sojasauce
2 EL	Sesamöl
2 TL	rote Currypaste
1 TL	Zitronengras-Pulver
80 g	Erdnussbutter
½ TL	Sambal Olek
½ TL	Koriandersamenpulver
2 TL	Palmzucker (ersatzweise brauner Zucker)
80 g	geröstete und mittelfein gemörserte, ungesalzene Erdnüsse (alternativ Erdnussbutter)
1–2 TL	Tamarindenmus (alternativ Limettensaft)
	Salz
Einige	Korianderblätter zur Dekoration
Außerdem	Holz- oder Bambusspieße

1 Tempeh in 3 cm breite und knapp 1 cm dicke Scheiben schneiden. Limette auspressen. Schalotten schälen und fein hacken.

2 Eine Marinade aus 50 ml Kokosmilch, 2 EL Sojasauce, Sesamöl, 1 TL roter Currypaste, Zitronengraspulver und dem halben Limettensaft herstellen. Die Tempehstreifen damit in einer Schüssel gut vermengen, abdecken und für mind. 2 Stunden im Kühlschrank ziehen lassen.

3 Für die Erdnuss-Sauce restliche Kokosmilch und Sojasauce mit Sambal Olek, Schalotten, Koriandersamenpulver und Palmzucker verrühren. Ca. 15 Minuten sanft köcheln, um die Sauce zu reduzieren. Am Schluss das Tamarindenmus (oder 2 TL Limettensaft) einrühren und nur kurz aufkochen. Mit Salz abschmecken. Die Sauce warm stellen oder auf dem Grill in einem feuerfesten Gefäß aufwärmen.

4 Tempehstreifen aus der Marinade nehmen und auf die Spieße stecken. Auf dem Grill bei mittlerer direkter Hitze 5–10 Minuten kross grillen.

5 Die Spieße mit der Erdnusssauce und Korianderblättern servieren.

Variation Statt mit Tempeh schmeckt dieses Gericht auch mit Seitan sehr gut!

Fruchtige Seitan-Spieße

1 Stück	Ingwer (daumengroß)
2	Knoblauchzehen
150 g	Seitan
½	frische Mango
¼	frische Ananas
Etwas	Erdnussöl
4 EL	Zitronensaft
1 TL	Chilipulver
1 EL	Honig
	Salz
Außerdem	Holz-, Bambus- oder Metallspieße

1 Ingwer und Knoblauch schälen. Ingwer reiben, Knoblauch pressen. Seitan in ca. 1,5–2 cm große Würfel schneiden. Mango sowie Ananas schälen und ebenfalls in Stücke schneiden.

2 Aus Öl, Zitronensaft, Knoblauch, Ingwer, Chilipulver, Honig und Salz eine Marinade anrühren, den Seitan für 1–2 Stunden darin ziehen lassen.

3 Auf die Spieße jeweils abwechselnd Seitan- und Obststücke stecken und auf dem Grill bei direkter mittlerer Hitze 6–8 Minuten rundum grillen. Dabei die Spieße hin und wieder mit der Marinade bestreichen.
Dazu passt der asiatische Nudelsalat von Seite 111.

Ein Tandoori-Ofen besteht im Original aus Lehm und ist zur Hälfte in die Erde eingegraben. Bei der Zubereitung auf dem Grill sorgt dafür aber die Marinade mit ihren indischen Gewürzen für einen raffinierten Geschmack. Mit einem milden indischen Gurkensalat und selbst gebackenem Naan-Brot ist der Hauptgang eines Menüs schon perfekt.

13 g E, 7 g F, 6 g KH
150 kcal

30 Minuten vorbereiten
1 Stunde marinieren
8 Minuten grillen

Wegen seiner flexiblen Würze ist Seitan der perfekte Fleischersatz – mit jahrhundertealter Tradition in Asien. Wunderbar passt dazu ein süßsauer-pikantes Chutney aus frischen Stachelbeeren.

6 g E, 5 g F, 10 g KH
117 kcal

50 Minuten vorbereiten
2 Stunden marinieren
6 Minuten grillen

Tipp

Anstelle der Tandoori-Paste: Saft einer Limette mit 2 EL gemahlenem Kreuzkümmel, 1 EL geriebenem Ingwer, 1 gepressten Knoblauchzehe, 1 TL Bockshornkleesamen, ½ TL Chili, ½ TL Kurkuma, Pfeffer und Salz mischen.

Seitan-Tandoori-Spieße mit indischem Gurkensalat

Indischer Gurkensalat

½	Salatgurke
100 g	Joghurt
1 Bund	Koriandergrün
	Salz, Pfeffer

Seitan-Tandoori-Spieße

100 g	Joghurt
100 g	Tandoori-Paste
200 g	Seitan
Außerdem	8 Bambusspieße

1 Für den Gurkensalat Gurke schälen, längs halbieren, entkernen, fein würfeln und salzen. Koriander hacken.

2 Gurkenstücke in einem Sieb abspülen, abtropfen lassen und mit dem Joghurt, Koriander, Salz und Pfeffer verrühren.

3 Für die Spieße 100 g Joghurt mit der Tandoori-Paste glatt rühren. Seitan in etwa 2 cm breite und 0,5 cm dicke Streifen schneiden. Mindestens 1 Stunde in der Marinade ziehen lassen.

4 Seitan aus der Marinade nehmen und wellenförmig auf Holzspieße stecken. Bei mittlerer direkter Hitze 6–8 Minuten grillen, dabei hin und wieder wenden. Mit dem Gurkensalat servieren.

Seitanfilets am Spieß mit Stachelbeerchutney

Stachelbeerchutney

250 g	Stachelbeeren
2	Schalotten
1 Zweig	Thymian
40 g	Zucker
40 ml	Weißweinessig
50 ml	heller Traubensaft
1 Stück	Ingwer (daumengroß)
1 TL	Currypulver
1 TL	(mittel)scharfer Senf
1 Prise	Salz
Evtl. 1	kleine Chilischote

Seitanfilets am Spieß

200 g	Seitan
2 EL	Olivenöl
2 EL	Sonnenblumenöl
2 EL	Sojasauce
1 TL	Paprikapulver
½ TL	Knoblauchpulver
1 TL	frisch gemahlener Pfeffer
Außerdem	Holz- oder Metallspieße

1 Für das Chutney Stachelbeeren von Stielen und Blütenresten befreien, vierteln. Schalotte schälen und fein würfeln. Thymianblätter abzupfen und fein hacken.

2 Zucker, Essig und Saft in einem Topf kurz aufkochen lassen. Stachelbeeren, Schalotten, geschälter und geriebener Ingwer, Curry, Senf und Salz dazugeben – sowie für mehr Schärfe evtl. die klein gehackte Chili. Das Chutney bei kleiner bis mittlerer Hitze ohne Deckel etwa 30 Minuten einkochen lassen. Dabei gelegentlich umrühren.

3 Seitan in dünne Streifen schneiden (ca. 0,5 cm dick, ca. 2 cm breit, Länge je nach Größe des Seitanstücks).

4 Für die Marinade die Öle, Sojasauce, Paprikapulver, Knoblauchpulver und Pfeffer in einer Schüssel vermischen. Seitan mindestens 2 Stunden, am besten über Nacht, in der Marinade ziehen lassen.

5 Seitanfilets wellenförmig auf Holzspieße stecken. Bei mittlerer direkter Hitze pro Seite 2–3 Minuten nicht zu kross grillen. Mit dem Chutney servieren.
Dazu passt das Naan-Brot von Seite 46.

Bei Tofu gilt: Mach was draus! Ungewürzt wenig beeindruckend, saugt er sich mit dem Geschmack der umgebenden Zutaten voll. So kann die rot-grün-weiß gefüllte Paprika geschmacklich, aber auch optisch punkten.

15 Minuten vorbereiten
20 Minuten grillen

Gefüllte Paprika mit Tofu und Spinat

8	mittelgroße Spitzpaprikaschoten
2	Bio-Zitronen
1	Knoblauchzehe
1	mittelgroße Zwiebel (ca. 50 g)
100 g	Tofu
100 g	Tiefkühlspinat (ganze Blätter)
	Öl zum Braten
	Sojasauce
1 Msp.	Muskat (oder nach Geschmack)
1 Msp.	Cayennepfeffer (oder nach Geschmack)
	Salz, Pfeffer

35 min

1 Paprikaschoten waschen, oben öffnen, Kerne und Trennwände entfernen. Zitronen längs in Viertel schneiden, das Fruchtfleisch entfernen und die Schale beiseitestellen. Knoblauch und Zwiebel schälen und fein hacken. Tofu fein würfeln. Spinat antauen lassen.

2 In einer Pfanne Zwiebeln, Knoblauch und Tofu in etwas Öl goldbraun braten. Spinat hinzugeben und einige Minuten garen lassen. Dazu ggf. etwas Wasser dazugeben. Mit Sojasauce, Muskat, Cayennepfeffer, Salz und Pfeffer gut würzen.

3 Paprikaschoten mit Tofu-Spinatmasse füllen. Jeweils ein Stück Zitronenschale mit der gelben Seite nach außen in die Öffnung schieben und diese dadurch verschließen. Paprika bei mittlerer indirekter Hitze und wenn möglich geschlossenem Deckel etwa 15 Minuten garen. Zum Abschluss auf direkter Hitze von allen Seiten insgesamt 3–4 Minuten anrösten.

Tipp

Dazu passen die Polenta-Schnitten (Seite 40), die Süßkartoffeln (Seite 44) oder einfach gekochter Reis.

Vegane Grillwürstchen aus eigener Produktion sind einfach die besten. Die aus dem Handel schmecken zwar oft auch nicht schlecht – aber bei diesem Rezept weiß man ganz genau, was drin steckt – und kann die Gewürze nach eigenem Geschmack variieren.

8 | 21 g E, 11 g F, 3 g KH | 203 kcal
30 Minuten vorbereiten
50 Minuten garen
10 Minuten grillen

Schnelle Grillwurstspieße

4 | 23 g E, 11 g F, 6 g KH | 226 kcal
10 Minuten vorbereiten
15 Minuten grillen

98 Tofu, Tempeh & Seitan

Hausgemachte Rostbratwürste

90 min

200 g	Glutenpulver
2 EL	Hefeflocken
3 EL	Paprikapulver, edelsüß
2 TL	Zwiebelpulver oder -granulat
1 TL	Knoblauchpulver oder -granulat
1 TL	Kreuzkümmelpulver
1 TL	Majoran
1 TL	Estragon
1 TL	Pfeffer
3 TL	Kräutersalz
1 Prise	Muskat
6 EL	Öl
2 TL	Senf
3 EL	Sojasauce
4 EL	Tomatenmark
250 ml	Wasser
Außerdem	Backpapier, Alufolie

1   In eine Schüssel Glutenpulver, Hefeflocken, Gewürze, Kräuter und Salz geben, gut vermengen.

2   In eine zweite Schüssel Öl, Senf, Sojasauce, Tomatenmark und Wasser geben, ebenfalls gut verrühren.

3   Die flüssigen Zutaten zu den trockenen geben und alles gut miteinander verkneten. Gegebenenfalls weiteres Wasser hinzugeben, bis ein fester, zäher Teig entsteht. Rasch ca. 8 Würste von etwa 1,5 bis 2 cm Dicke rollen. Diese jeweils erst bonbonartig fest in Backpapier und dann in Alufolie wickeln, damit sie beim Garen nicht austrocknen. Um Folie zu sparen, kann man auch mehre Würste zusammen mit Folie umwickeln.

4   Die Würste bei 180 °C für 45 Minuten im Backofen garen. In der Folie abkühlen lassen, damit sie nicht trocken werden.

5   Die Würste bevor sie auf den Grill kommen mit etwas Öl einpinseln. Dann bei mittlerer direkter Hitze einige Minuten grillen, bis sie die gewünschte Bräune erhalten.

Tipp

Wer einen Dampfgarer oder Dämpfeinsatz für einen Topf besitzt, kann die Würstchen auch darin 45 Minuten garen. So kann man sich die Alufolie sparen.

Schnelle Grillwurstspieße

25 min

4	Seitan-Grillwürste (aus dem Kühlregal oder selbst gemacht, siehe Rezept oben)
2	rote Zwiebeln
1	gelbe Paprika
12	kleine Champignons
Etwas	Olivenöl

1   Die Würste in ca. 3 cm lange Stücke schneiden. Die Zwiebeln schälen und achteln. Die Paprika in ca. 2 cm große Würfel schneiden. Champignons abreiben und ggf. braune Stiele entfernen.

2   Wurststücke und Gemüse abwechselnd auf Spieße stecken. Mit etwas Olivenöl bestreichen und bei mittlerer direkter Hitze 12–15 Minuten grillen, bis Wurst und Gemüse angebräunt, aber nicht zu dunkel sind. Dabei mehrmals wenden.

Steak vom Grill, das klingt in einem vegetarischen Menü etwas verwegen. Aber es gibt sie: fertige vegetarische Fleischimitate aus dem Kühlregal. Sie sind allerdings recht teuer, günstiger ist ein „Sojasteak" als Trockenprodukt. Mit der feinen, cremigen Pfeffersauce und den Schmorgurken wird es ein deftig-fleischloser Genuss.

26 g E, 29 g F, 36 g KH
522 kcal
40 Minuten vorbereiten
8 Minuten grillen

Soja-Pfeffersteaks mit Schmorgurken

Soja-Pfeffersteaks

8	Soja-Steaks (Trockenprodukt)
1 Liter	Gemüsebrühe
1 TL	Sojasauce
2 EL	Olivenöl
1 TL	Senf
je 1 TL	Pfeffer, Thymian, Kreuzkümmelpulver
½ TL	Chilipulver
3 TL	eingelegter grüner Pfeffer (Glas)
3	Schalotten
1 Bund	Schnittlauch
5 EL	Sherry
200 g	saure Sahne/Schmand
	Salz, schwarzer Pfeffer aus der Mühle

Schmorgurken

½ Bund	Dill
1	Zwiebel
1 kg	Schmorgurken (alternativ Bio-Salatgurken mit entfernten Kernen)
3 EL	Rapsöl
	Salz, weißer Pfeffer
250 ml	heiße Gemüsebrühe
125 g	saure Sahne/Schmand
2 TL	mittelscharfer Senf
1 Prise	Zucker
2 EL	Speisestärke

1   Die Soja-Steaks mit einem Sud aus kochender Gemüsebrühe, Sojasauce, Olivenöl, Senf, Pfeffer, Thymian, Kreuzkümmel und Chili übergießen und für ca. 15–20 Minuten einweichen. Danach kräftig ausdrücken. Indem man die Gewürze bereits in die Brühe gibt, erspart man sich das mehrstündige Marinieren.

2   Grüne Pfefferkörner mit einem Löffel zerdrücken. Schalotten schälen, in feine Streifen schneiden. Schnittlauch waschen, trocken schütteln und in feine Röllchen schneiden.

3   Schalotten in einer Pfanne bei mittlerer Hitze glasig dünsten. Pfefferkörner und etwas von der Lake dazugeben und mit Sherry ablöschen. Die saure Sahne dazugeben und einkochen lassen. Mit Salz und frisch gemahlenem Pfeffer abschmecken.

4   Die Soja-Steaks für ca. 6–8 Minuten von beiden Seiten bei mittlerer direkter Hitze beidseitig grillen – nicht zu dunkel werden lassen.

5   Die Steaks mit der Pfeffersauce servieren. Schnittlauchröllchen zum Garnieren darüberstreuen. Dazu passen Grillkartoffeln, Reis oder Weißbrot.

6   Dill waschen und fein hacken. Die Zwiebel schälen, würfeln. Die Schmorgurken schälen und die Enden abschneiden. Längs halbieren und mit einem Löffel die Kerne auskratzen, in Scheiben schneiden.

7   Zwiebelwürfel in 1 EL Öl anbraten. Mit Salz und Pfeffer würzen, beiseitestellen.

8   Gurkenwürfel in 2 EL Öl andünsten. Wenn sie leicht glasig werden, die heiße Brühe zugeben und weitere 10 Minuten garen. Die Zwiebeln dazugeben. Schmand und Senf unterrühren. Mit Salz, Pfeffer und Zucker würzen. Speisestärke mit etwas kaltem Wasser anrühren und die Sauce damit binden (kurz aufkochen lassen). Zum Servieren mit Dill bestreuen. Dazu passen Reis, frisches Weißbrot oder das Fladenbrot von Seite 47.

Variante   Aus Soja gibt es nicht nur Steaks, sondern auch Würfel zu kaufen. Diese lassen sich hervorragend zu Schaschlikspießen verarbeiten: Die eingeweichten Sojawürfel dazu mit Zwiebelstücken und Paprikawürfeln auf Spieße stecken und in einer Marinade aus Olivenöl, Salz, Pfeffer und Paprikapulver mindestens 1 Stunde ziehen lassen. Die Spieße auf dem Grill bei mittlerer direkter Hitze für ca. 10 Minuten von allen Seiten grillen.

50 min

Tipps

Statt des Sherrys kann auch Cranberrysaft verwendet werden.

Wer es vegan mag, kann statt der sauren Sahne auch Sojacreme verwenden.

Seitan vom Grill verträgt sich wunderbar mit verschiedenen Früchten: etwa in Kombination mit frischen Feigen und nordafrikanischen Gewürzen. Oder mit exotischen Südfrüchten und einer Ingwer-Chili-Honig-Marinade. Köstlich!

30 Minuten vorbereiten
2 Stunden marinieren
7 Minuten grillen

Seitan-Feigen-Spieße

1	Chilischote (scharf)
1	Knoblauchzehe
10 EL	Olivenöl
1 TL	Zimt
2 TL	Kreuzkümmel
1 TL	Salz
2 EL	gehackte Minze
200 g	Seitan
8	frische Feigen
	Meersalz, frisch gemahlener Pfeffer
Außerdem	8 gewässerte Bambusspieße

1 Chilischote in Ringe schneiden. Knoblauch abziehen und fein hacken. Beides mit Olivenöl, den Gewürzen, der Minze und dem Salz zu einer Marinade verrühren.

2 Seitan in etwa 3 cm x 3 cm große und ca. 1,5 cm dicke Stücke schneiden und mindestens 2 Stunden in der Marinade ziehen lassen.

3 Feigen waschen und halbieren. Seitan aus der Marinade nehmen und abtropfen lassen. Seitan und Feigen abwechselnd auf die Spieße stecken, mit etwas Marinade einpinseln. Spieße rundum bei mittlerer direkter Hitze 6–8 Minuten grillen. Mit etwas Salz und frisch gemahlenem Pfeffer bestreuen.
Dazu passt das Naan-Brot von Seite 46.

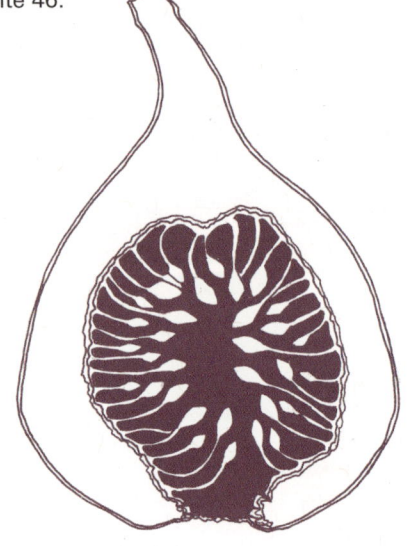

Tipp

Zusätzlich zu Feigen oder Südfrüchten machen sich auch Schalotten oder Frühlingszwiebeln sehr gut auf den Spießen.

Über Buchenholz geröstet, wird weißer Tofu zu Räuchertofu. So erhält er einen kräftigen Geschmack, der sehr gut zum Grillaroma passt. Dazu noch ein paar kräftige mediterrane Zutaten – und die hübsch gefüllte Gemüsezwiebel vom Rost ist perfekt.

4
8 g E, 10 g F, 21 g KH
213 kcal
30 Minuten vorbereiten
20 Minuten grillen

Gefüllte Zwiebeln mit Räuchertofu

50 min

4	große Gemüsezwiebeln (jeweils ca. 350 g)
150 g	Räuchertofu
10	kernlose Oliven
10 Blätter	Basilikum
1 TL	frisches Oregano
1–2	Knoblauchzehen
5–6 EL	Sojadrink (oder Gemüsebrühe)
1–2 EL	weißer Balsamico-Essig
2 EL	Olivenöl
	Paniermehl
	Kräutersalz, Pfeffer
Außerdem	Grillschale oder Auflaufform (notfalls Alufolie)

1 Zwiebeln schälen und die oberen Enden etwa daumendick gerade abschneiden. Das Innere der Zwiebeln aushöhlen und beiseitelegen. Etwa 4 Zwiebelschichten stehen lassen.

2 Tofu fein würfeln. Ca. 50 g des Zwiebelinneren sowie Oliven fein hacken. Basilikum und Oregano in feine Streifen schneiden. Knoblauch schälen und in dünne Scheiben schneiden.

3 Tofu mit Sojadrink, Essig, Öl, Zwiebelwürfeln, Knoblauch, Oliven und Kräutern in eine Rührschüssel geben. Mit dem Pürierstab zu einer glatten Creme pürieren. Paniermehl hinzugeben, bis eine feste Masse entsteht. Herzhaft mit Kräutersalz und Pfeffer abschmecken.

4 Die Zwiebeln mit der Tofucreme füllen, in eine gefettete Grillschale/Auflaufform setzen und mit geschlossenem Deckel bei mittlerer Temperatur ca. 20 Minuten garen.

Variante Die ausgehöhlte Zwiebel lässt sich auch gut mit vielerlei anderen Kombinationen füllen. Zum Beispiel mit einem Ragout aus Räuchertofu, Paprika und Zwiebelinnerem in einer eingedickten Sauce aus Tomatenmark, Paprikapulver, Majoran, Salz und Pfeffer.

Tipp

Dazu passen das Naan-Brot (Seite 46), die Süßkartoffeln (Seite 44) oder gekochter Reis.

Yakitori ist japanisch und bedeutet so viel wie Grillhähnchen. Den besonderen Geschmack erhält es durch seine Glasur. Die fleischfreie Variante ist „Mock Chicken", das falsche Hähnchen – bei dem sogar die „Gänsehaut" nachempfunden wird. Dieses fertige Weizeneiweiß-Produkt hat lange Tradition in der chinesischen Küche.

20 Minuten vorbereiten
30 Minuten ziehen
8 Minuten grillen

Falsches Yakitori-Hähnchen am Spieß

1 Dose oder 1 Glas	Mock Chicken (veganes „Hühnerfleisch", ca. 280–300 g Abtropfgewicht)
1	rote Paprikaschote
1 Bund	Frühlingszwiebeln
8 EL	Sojasauce
9 EL	Mirin (likörartiger süßer Reiswein)
9 EL	Sake (Reiswein; ersatzweise trockener Sherry)
3 EL	Reissirup (oder brauner Sukkanat-Zucker oder Honig)
1	Knoblauchzehe
1 EL	Erdnussöl
Außerdem	Bambusspieße

1 Mock Chicken gut abtropfen lassen, in ca. 2–3 cm große Würfel schneiden. Paprika in ähnlich große Stücke schneiden. Lauchzwiebeln putzen und in jeweils vier gleich große Stücke teilen. Alles in eine Schüssel geben.

2 Für die Yakitori-Sauce Sojasauce, Mirin, Sake, Reissirup, die geschälte und gehackte Knoblauchzehe und Erdnussöl in eine Schüssel geben und mit einem Pürierstab fein pürieren. Die Marinade über das falsche Hühnchen und das Gemüse geben, gut vermischen und mindestens 30 Minuten ziehen lassen.

3 Jeweils Mock-Chicken-, Lauchzwiebel- und Paprika-Stücke abwechselnd auf die Holzspieße stecken.

4 Verbliebene Marinade in einem Topf aufkochen lassen. Bei starker Hitze 5–10 Minuten einkochen lassen, bis die Flüssigkeit reduziert ist und die Sauce eindickt.

5 Spieße bei direkter mittlerer Hitze ca. 8 Minuten von allen Seiten goldbraun grillen. Anschließend mit der Yakitori-Sauce nochmals dick bestreichen und ein wenig antrocknen lassen.

Variante Manchmal ist statt des falschen Hähnchens nur die falsche Ente (engl. „Mock Duck") zu bekommen. Diese können Sie für die Spieße genauso verwenden.

60 min

Tipp

Im Handel gibt es immer häufiger auch fertige Yakitori-Sauce zu kaufen.

Tempeh wird häufig in Rollen angeboten. Zusammen mit Paprika und Zwiebeln lässt sich mit diesen Scheiben auf witzige Art und Weise der altbekannte Klassiker des Maiskolbens vom Grill variieren. Richtig würzig wird es durch die kräftige Marinade.

4
11 g E, 14 g F, 7 g KH
206 kcal
30 Minuten vorbereiten
2 Stunden marinieren
10 Minuten grillen

Würzige Tempeh-Mais-Spieße

1	Knoblauchzehe
20 g	Ingwer
1 TL	Kurkuma
½ TL	Kardamom
3 EL	scharfe Paprikapaste (oder 1 TL Sambal Olek)
4 EL	Rapsöl
2 EL	Sojasauce
1	rote Paprikaschote
2	mittelgroße (rote) Zwiebeln (ca. 90 g)
200 g	Tempeh (Rolle)
1	vorgegarter Maiskolben
Außerdem	4–6 Metallspieße

40 min

1   Knoblauch schälen und pressen, Ingwer reiben. Mit den Gewürzen, dem Öl und der Sojasauce zu einer Marinade verrühren.

2   Paprikaschote vierteln, entkernen und in ca. 2 cm große Stücke schneiden. Zwiebeln schälen und vierteln. Tempeh und Maiskolben in ca. 1 cm dicke Scheiben schneiden. Gemüse, Mais und Tempeh auf Spieße stecken (ein wenig Platz dazwischen lassen) und für mindestens 2 Stunden marinieren.

3   Spieße aus der Marinade nehmen, abtropfen lassen und bei mittlere Hitze direkt ca. 10 Minuten rundherum grillen.

Tipp

Um Süß- bzw. Zuckermais vorzugaren, kocht man die Kolben am besten in Wasser mit ein wenig Zucker ca. 15–20 Minuten vor.

Mango, die wohl köstlichste exotische Frucht, harmoniert optisch und geschmacklich wunderbar mit Nusstofu: Der ist fester als Naturtofu und eignet sich daher sehr gut für den Grill. Zusammen mit einem würzigen Glasnudelsalat ergeben die Spieße eine reichhaltige Vorspeise – oder eine vollständige Fusion-Kitchen-Mahlzeit.

14 g E, 24 g F, 52 g KH
497 kcal
4
40 Minuten vorbereiten
10 Minuten grillen

Nusstofu-Mango-Spieße mit asiatischem Nudelsalat

	Nusstofu-Mango-Spieße
1	Mango
200 g	Nuss- oder Nuss-Mandel-Tofu
	Asiatischer Nudelsalat
140 g	Glasnudeln
4 EL	Öl
2	Knoblauchzehen
Je 1 Handvoll	Thaibasilikum, Koriandergrün
50 g	Möhren
100 g	Zuckerschoten
100 g	Baby-Maiskölbchen (Glas)
1	Paprikaschote (rot oder gelb)
1 Bund	Frühlingszwiebeln
2 TL	Ingwer, gehackt
4 EL	Sojasauce hell
2 EL	Reisessig
½ TL	Sesamöl (geröstet)
	frisch gemahlener schwarzer Pfeffer, Salz, Zucker
50 g	Erdnüsse
1 EL	Chilipaste (Sambal Olek oder Nam Prik Pao)
Optional	gehackte Chilis

1 Spieße vorbereiten: Tofu in Würfel schneiden. Mango schälen, Fruchtfleisch in großen Stücken vom Kern ablösen und zu Würfeln schneiden. Mango- und Tofuwürfel abwechselnd auf die Holzspieße aufstecken.

2 Für den Nudelsalat Knoblauch schälen und fein würfeln. Basilikum- und Korianderblätter hacken, einige Blätter ganz lassen. Möhren in feine Streifen schneiden. Maiskolben und Zuckerschoten schräg in ca. 1 cm lange Stücke schneiden. Paprika in ca. 0,5 cm x 1 cm große Stücke, Frühlingszwiebeln in Röllchen schneiden.

3 Glasnudeln mit kochendem Wasser übergießen, 10–15 Minuten ziehen lassen. Abgießen und abtropfen lassen. Nudeln in Stücke schneiden. Zwischenzeitlich Erdnüsse trocken in einer Pfanne 3–4 Minuten anrösten, bis sie zu duften beginnen.

4 Öl erhitzen, Knoblauch 1 Minute lang anbraten, dann das vorbereitete Gemüse (bis auf die grünen Frühlingszwiebelringe) und den Ingwer zugeben, in ca. 3 Minuten bissfest garen. Kurz vor Ende die grünen Frühlingszwiebelringe hinzufügen.

5 Das warme Gemüse unter die Nudeln mischen. Mit Sojasauce, Essig, Sesamöl, etwas Zucker und Pfeffer abschmecken. Nach Geschmack mit Chilipaste und frischen Chilistückchen würzen. Die Erdnüsse sowie die Basilikum- und Korianderblättchen untermischen. Salat auf einer Platte anrichten und mit den ganzen Blättchen garnieren.

6 Die Spieße bei mittlerer direkter Hitze 6–8 Minuten rundum grillen. Auf den Salat legen und zusammen servieren.

Kochbananen schmecken ähnlich wie Bananen, sind nur von etwas festerer Konsistenz. Daher werden sie normalerweise nicht roh gegessen, sondern als Leckerbissen in vielen Küchen der Welt gekocht, gebraten oder frittiert. Gemeinsam mit Tofu-Ecken an einer Erdnuss-Mango-Sauce kreieren Sie das exotischste Gericht des Tages.

35 Minuten vorbereiten
2 Stunden auspressen
6 Stunden marinieren
20 Minuten grillen

Tofu-Ecken mit Kochbananentalern an Erdnuss-Mango-Sauce

Tofu-Ecken

200–300 g	fester Tofu
4 EL	helle Sojasauce
2 EL	flüssiger Honig oder Ahornsirup
2 EL	Erdnussöl
1 EL	Limettensaft
1 TL	Currypulver

1 Den Tofu kurz abspülen, in ein sauberes, trockenes Küchentuch einschlagen und beschweren, um für 1–2 Stunden überschüssiges Wasser auszupressen. Der Tofu wird so fester und kann die Marinade besser aufnehmen.

2 Tofu in ca. 1 cm dicke Dreiecke (oder Rechtecke) schneiden. Aus Sojasauce, Honig/Ahornsirup, Limettensaft, Currypulver und Erdnussöl eine Marinade anrühren. Tofu darin einige Stunden im Kühlschrank ziehen lassen.

3 Tofu aus der Marinade nehmen und etwas abtropfen lassen. Bei mittlerer direkter Hitze pro Seite ca. 5 Minuten knusprig grillen.

4 Tofu mit der Sauce und den Bananentalern servieren. Dazu kann auch noch Reis gereicht werden.

Bananentaler

2	grüne Kochbananen
	Rapsöl zum Braten
	Salz

1 Die Kochbanen schälen und in ca. 3 cm dicke Stücke schneiden. Reichlich Rapsöl in einer Pfanne erhitzen und die Bananen für 6–8 Minuten von beiden Seiten anbraten bzw. frittieren, danach kräftig salzen. Auf diese Weise werden sie besonders knusprig.

2 Aus der Pfanne nehmen und auf einem Brett mit einem breiten Messer zu flachen Talern zerdrücken. In einer Dose oder Schüssel abgedeckt bereitstellen.

3 Zusammen mit den Tofu-Ecken auf dem Grill bei mittlerer direkter Hitze pro Seite ca. 5 Minuten knusprig grillen.

Erdnuss-Mango-Sauce

1	reife Mango
½	mehliger Apfel
1	Zwiebel
2	Knoblauchzehen
20 g	frischer Ingwer
150 ml	Kokosmilch
30 g	Erdnussmus
	Erdnussöl
1 TL	Kreuzkümmel
1 TL	Paprikapulver, edelsüß
½ TL	Cumin
½ TL	Piment
½ TL	frisch gemahlener schwarzer Pfeffer
Je 1 Msp.	Koriander und Chilipulver
	Salz
	Sojasauce

Tipp

Um sich eine längere Vorbereitungszeit zu sparen, kann bereits fertig gewürzter Tofu wie Nuss- oder Kräutertofu aus dem Kühlregal verwendet werden.

55 min

1 Zwiebeln, Knoblauchzehen und Ingwer fein würfeln. Mango und Apfel schälen, Kern bzw. Gehäuse entfernen, würfeln und zusammen pürieren.

2 Zwiebel, Knoblauch und Ingwer in Erdnussöl anbraten und wenn die Zwiebel glasig geworden ist, die Gewürze zugeben und kurz mit anbraten. Das Fruchtpüree, die Kokosmilch und das Erdnussmus hinzugeben, aufkochen und etwa 10 Minuten bei kleiner Hitze köcheln lassen. Mit Salz und/oder Sojasauce abschmecken. Sauce warm stellen.

Wer einen Wok-Aufsatz für den Grill sein Eigen nennt, kennt garantiert Asia-Gemüse mit Tofu. Aber auch ohne dieses Utensil kann man asiatisch grillen: Gemüse, Gewürze und Tofu werden einfach zusammen in einem Päckchen geschmort – am stilvollsten natürlich in einem Bananenblatt.

12 g E, 15 g F, 15 g KH
250 kcal
4
20 Minuten vorbereiten
30 Minuten marinieren
20 Minuten grillen

Soja-Schaschlik-Spieße

10 g E, 15 g F, 5 g KH
202 kcal
4
30 Minuten vorbereiten
1 Stunde marinieren
10 Minuten grillen

Tofu Stroganoff

11 g E, 8 g F, 6 g KH
153 kcal
4
20 Minuten vorbereiten
20 Minuten grillen

Asia-Gemüse-Tofu-Päckchen

7 EL	Sojasauce
2 TL	Sesamöl
1 EL	Limettensaft
1 EL	Palmzucker (oder brauner Zucker)
2	Knoblauchzehen
10 g	Ingwer
½	frische Chilischote
2 Zweige	Zitronen-Thymian
200 g	schnittfester Natur-Tofu (oder Räuchertofu)
1	gelbe oder rote Paprika
2	Frühlingszwiebeln
100 g	Zuckerschoten
100 g	Brokkoli
60 g	Möhren
8	Mini-Maiskölbchen (Glas)
4 EL	Rapsöl
Außerdem	4 Stücke Alufolie (ca. 30 cm x 30 cm) oder Bananenblatt

70 min

Tipp

Ganz im Sinne von Umwelt und Deko: Ca. 300 g Bananenblätter (Asialaden) in 4 Teile à ca. 30 cm x 40 cm schneiden. Beide Seiten mit einem feuchten Tuch abwischen und für mehr Elastizität kurz auf den heißen Grill legen, bis sie glänzen.

1 Ingwer fein reiben, Knoblauch pressen, Chilischote entkernen und fein hacken.

2 Aus Sojasauce, Sesamöl, Limettensaft, Zucker, Knoblauch, Ingwer, Chilischote und Thymian eine Marinade herstellen. Tofu in ca. 1 cm große Würfel schneiden, mit der Marinade mischen und in einer flachen Schüssel mindestens 30 Minuten an einem kühlen Ort marinieren.

3 Paprika und Frühlingszwiebeln putzen und in feine Streifen schneiden. Zuckerschoten quer halbieren, vom Brokkoli die Röschen abtrennen. Die Stiele mit den Möhren schräg in dünne Scheiben schneiden. Gemüse, Tofuwürfel und Marinade auf Alufolien gleichmäßig verteilen. Je einen EL Rapsöl dazugeben.

4 Päckchen gut verschließen und 15–20 Minuten bei mittlerer Hitze garen lassen.

Variante Die Gemüseauswahl kann natürlich beliebig variiert werden. Gut passen unter anderem auch Champignons, Pak Choi, Chinakohl, Erbsen, frische Mungbohnen-(Soja-)Sprossen oder Bambussprossen aus dem Glas.

Soja-Schaschlik-Spieße

60 g	Soja-Medaillons (Trockenprodukt)
1 l	heiße Gemüsebrühe
250 g	bunte Paprika (3 halbe jeder Farbe)
150 g	(Gemüse-)Zwiebeln
6 EL	Olivenöl
1 TL	Meersalz
1 TL	frischer schwarzer Pfeffer
1 TL	Paprikapulver (edelsüß)
Außerdem	8 gewässerte Holzspieße

1 Die Soja-Medaillons 10–15 Minuten in Gemüsebrühe einweichen, anschließend gut ausdrücken.

2 Paprika vierteln, Kerne und weiße Häutchen entfernen. Zwiebeln schälen, alles in ca. gleich große Stücke schneiden.

3 Öl, Salz, Pfeffer und Paprikapulver zu Marinade mischen.

4 Paprika, Zwiebeln und Sojamedaillons abwechselnd auf Spieße stecken. In einem flachen Gefäß die Spieße mit der Marinade mischen und mindestens 1 Stunde ziehen lassen.

5 Spieße auf dem Grill bei mittlerer direkter Hitze für ca. 10 Minuten von allen Seiten grillen, bis die Paprika gegart und die Soja-Medaillons knusprig sind.

Variante Soja vor dem Grillen in der Pfanne in etwas Öl braten, dann werden sie rundum wunderbar knusprig.

Tofu Stroganoff

200 g	Tofu
1	mittelgroße Zwiebel (ca. 50 g)
2	mittelgroße Essiggurken (ca. 80 g)
1	mittelgroße rote Paprika (ca. 180 g)
150 g	Champignons
½ Bund	Petersilie
100 ml	Soja-Sahne
2 EL	Cognac
2 EL	Sojasauce
1 EL	Senf (mittelscharf)
½ TL	Pfeffer
½ TL	Paprikapulver edelsüß
Außerdem	4 Blätter Alufolie

1 Tofu würfeln. Zwiebel schälen, zusammen mit Essiggurken und Paprika in Streifen schneiden, Champignons putzen, halbieren oder vierteln, Petersilie hacken.

2 Sahne mit Cognac, Sojasauce, Senf, Pfeffer und Paprikapulver gut verrühren.

3 Zwiebeln, Tofu, Paprika und Pilze vermischen und auf 4 Alufolienblätter geben. Die Folie an den Seiten etwas nach oben schlagen. Etwas Sahne auf das Gemüse geben und die Päckchen gut verschließen.

4 Etwa 15–20 Minuten bei indirekter mittlerer Hitze auf dem Grill schmoren lassen. Vor dem Servieren die Päckchen öffnen und mit Petersilie bestreuen.

Vegetarische Fleischalternativen

Die Begriffe „Fleischimitat" oder „Fleischersatz" könnte zunächst einmal so klingen, als ob Vegetarier und Veganer sich heimlich doch nach einem echten Schnitzel sehnen würden. Dabei geht es bei den fleischähnlich zubereiteten Planzenproteinen gar nicht um einen bestimmten Fleisch- oder Wurstgeschmack, sondern vielmehr darum, Gerichte auf bestimmte, traditionelle Weise zu würzen. Und dank der jahrtausendealten asiatischen Praxis, pflanzliche Fleischimitate zu verarbeiten, können sich auch Vegetarier und Veganer über ein krosses, würziges Grillstück auf dem Teller freuen. Die Basis dieser Speisen bilden isolierte Proteine von Getreidekörnern oder Hülsenfrüchten.

Tofu

Tofu ist ein traditionelles asiatisches Lebensmittel auf Sojabasis. Für die Herstellung wird aus Sojamilch mit einem Gerinnungsmittel das Eiweiß ausgeflockt, anschließend wird die Masse ausgepresst, bis die gewünschte Konsistenz erreicht ist. Tofu ist leicht bekömmlich und enthält alle essenziellen Aminosäuren. Seine Konsistenz ist recht weich, zum Grillen sollte man daher unbedingt festen Tofu verwenden und diesen möglichst noch einige Stunden auspressen, um überflüssiges Wasser zu entfernen.

Da ungewürzter Tofu genau genommen nach gar nichts schmeckt, braucht er eine ordentliche Dosis Gewürze. Schmackhaft vorbehandelte Varianten gibt es im Bioladen, etwa geräuchert oder mit verschiedenen Kräutern, Algen oder Nüssen abgeschmeckt. Da die Sojabohne eine der am meisten verbreiteten gentechnisch manipulierten Nutzpflanzen ist, sollten Tofuprodukte unbedingt in Bio-Qualität erworben werden.

Lupinen-Tofu

In Zukunft häufiger wird uns wahrscheinlich ein quarkähnliches, mit Tofu vergleichbares Eiweißprodukt aus der heimischen Süßlupine begegnen. Die Süßlupine kann problemlos fast überall in Deutschland angebaut werden – und hat damit eine deutlich bessere Ökobilanz als Soja aus Lateinamerika. Lupinenprodukte sind, ähnlich wie Tofu, reich an Eiweiß und Ballaststoffen.

Seitan

Das mit Abstand „fleischigste" Geschmackserlebnis bietet Seitan, der sich wunderbar zu Spießen, Gulasch oder sogar Braten veredeln lässt. Er stammt aus der chinesischen Küche und wurde ursprünglich von vegetarisch lebenden Mönchen entwickelt. Menschen mit Weizenallergie sollten allerdings die Finger von diesem Fleischersatz lassen, denn Seitan ist reines Klebereiweiß (Gluten), das aus dem Getreidekorn isoliert und mit Sojasauce mariniert wurde. Es hat eine bissfeste, fleischähnliche Konsistenz. Seitan aus dem Kühlregal des Bioladens Ihres Vertrauens schmeckt übrigens besser als die sehr nasse Alternative, die in Gläsern oder Dosen angeboten wird. Seitan können Sie auch zu Hause herstellen (siehe „Seitan selber herstellen").

Tempeh

Tempeh ist ein traditionelles Fermentationsprodukt aus Indonesien. Es besteht aus geschälten, gekochten Sojabohnen, die mit einem Edelschimmel beimpft werden. Die Pilzsporen schließen die Proteine der Bohnen auf und machen sie so bekömmlicher. Das schnittfeste Tempeh enthält viele natürliche B-Vitamine, ist sehr proteinreich, frei von Cholesterin und vielfältig würzbar. Er schmeckt mild würzig bis süßlich.

Texturiertes Sojaprotein („Sojafleisch")

Für sogenanntes Sojafleisch wird das Eiweiß der Sojabohne isoliert, entfettet und unter hohem Druck und manchmal auch Wärmezugabe strukturiert. Das Ergebnis ist „texturiertes Sojaprotein" (TVP). Das mag wenig appetitlich klingen und tatsächlich schmeckt es erst einmal recht neutral, es hat dafür aber eine fleischähnliche, faserige Konsistenz. Dieses Sojafleisch gibt es als Trockenprodukt in vielerlei Form: als feines „Hack", als Würfel, Medaillons, Schnitzel oder Big Steak. Dann muss nur noch in Wasser oder Brühe eingeweicht, gewürzt und weiterverarbeitet werden – etwa zu Schaschlikspießen oder zu Grillsteaks.

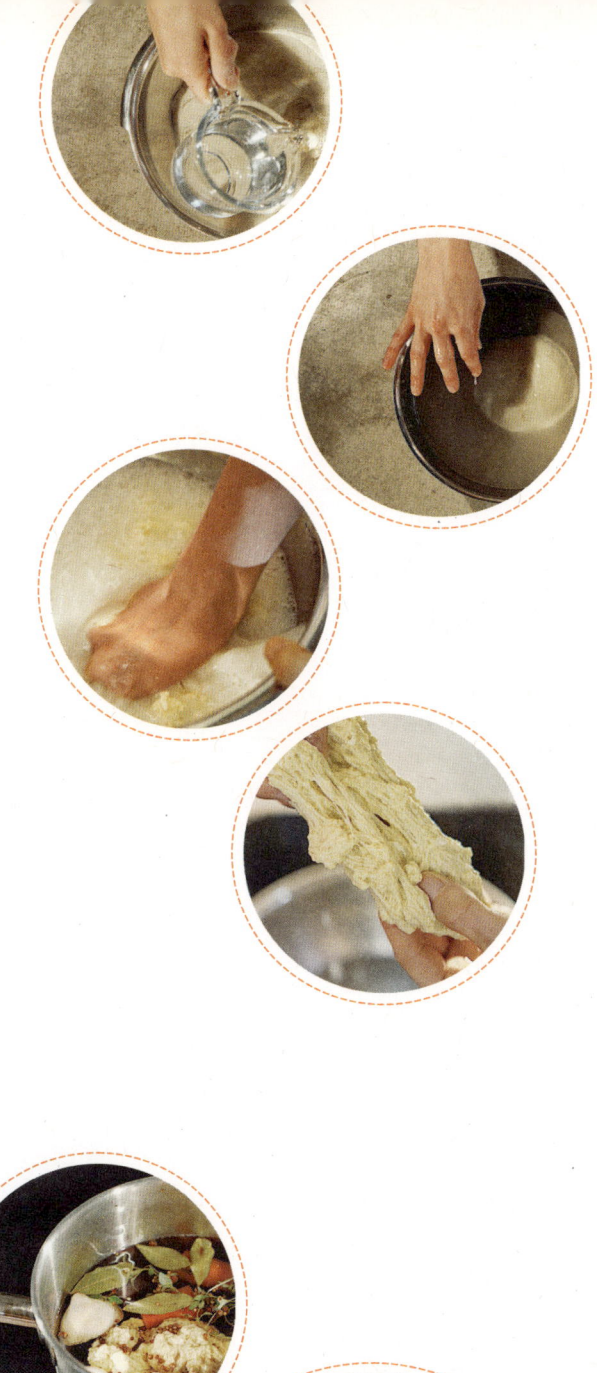

Seitan selber herstellen Es gibt sehr guten Seitan im Handel. Günstiger, aber mit recht viel Zeitaufwand lässt er sich auch selbst herstellen.

1   Dazu verknetet man feines weißes Weizenmehl mit Wasser zu einem Teig und lässt diesen eine Stunde ruhen. Dann wäscht man in kaltem Wasser durch Kneten die gesamte Stärke aus (Wasser mehrmals wechseln), bis eine zähe Masse zurückbleibt: das Weizeneiweiß oder Gluten.

2   Anschließend muss das zunächst völlig geschmacksneutrale Gluten in einem würzigen Sud gekocht werden, der klassischerweise Sojasauce, Kombualgen und Gewürze enthält. Die Masse wächst dabei um etwa ein Drittel ihrer Größe an. Die Menge, die aus einem Kilogramm Mehl entsteht, muss etwa eine knappe Stunde leicht kochen. Wer nicht möchte, dass der Seitan zu grobporig und schwammartig wird, sollte die rohe Masse vor dem Kochen in ein sauberes Geschirrtuch legen und mit Garn umwickeln. Eine andere Möglichkeit ist, Kochbeutel mit Poren zu verwenden.

3   Wenn man sich den Vorgang des Auswaschens sparen möchte, kann man direkt auf Glutenmehl zurückgreifen, das keine Stärke mehr enthält. Mit Wasser (oder Gemüsebrühe) lässt sich daraus die Rohmasse für das Seitan anrühren (Faustregel: 2 Volumeneinheiten Gluten auf eine Einheit Wasser – etwa 2 Tassen Pulver auf 1 Tasse Flüssigkeit).
Diese deutlich einfachere Methode hat zwei große Vorteile: Es entfällt das zeitaufwendige Auswaschen der Stärke und die Masse lässt sich bereits vor dem Kochen beliebig würzen. Je nachdem, wozu der Seitan später eingesetzt werden soll, kann man auch Gyros- oder Barbecuegewürz, Curry und alle möglichen anderen Aromen hinzugeben.

Bei beiden Varianten braucht es einige Versuche, um das gewünschte Ergebnis zu erhalten. Experimentieren kann und sollte man auch mit der Brühe, in der das Gluten gegart wird.

Köstliches mit Käse

Ob kross oder cremig: Käse gibt vielen Gerichten einen würzigen Akzent. Auf dem Grill kann Käse aber auch die Hauptrolle spielen. Die Auswahl fertiger Grillkäse im Supermarkt wird immer größer, am bekanntesten ist der griechische Halloumi. Sie können Käse für den Grill auch selbst herstellen. Das ist einfacher als gedacht – und ist in veganer Variante sogar ohne Milch möglich.

Camembert vom Grill stellt jeden Grillkäse aus dem Kühlregal in den Schatten. Seine Zubereitung ist denkbar einfach: Gegrillt ergießt er schon nach einer Viertelstunde sein zartschmelzendes Inneres auf den Teller. Der Calvados, den man vor dem Grillen auf den Käse gibt, sorgt zusammen mit den süßen Nüssen und Feigen für ein unvergessliches Aroma.

15 Minuten vorbereiten
20 Minuten grillen

Camembert mit Calvados an Feigen und karamellisierten Nüssen

35 min

2	Camemberts in einer Holzschachtel (je 250 g)
8	reife Feigen
100 g	Walnusskerne
2 EL	Zucker
8 EL	Balsamico-Essig
6 EL	Calvados
80 ml	Wasser
	grob gemahlener schwarzer Pfeffer

1 Camembert aus der Papierverpackung nehmen und die Etiketten auf der Holzschachtel entfernen. Holzschachtel für 15 Minuten in Wasser legen.

2 Feigen waschen und in Spalten schneiden. Walnüsse in einer Pfanne ohne Fett anrösten. Zucker darüberstreuen und unter stetem Rühren karamellisieren lassen. Mit Balsamico-Essig, 3 EL Calvados und Wasser ablöschen. Aufkochen, bis sich das Karamell aufgelöst hat. Vom Herd nehmen und die Feigen in der Nuss-Karamellsauce wenden. Diesen Schritt können Sie selbstverständlich auch auf dem Grill durchführen. Nutzen Sie dazu eine Pfanne mit feuerfestem Griff.

3 Die Oberfläche des Camemberts mit der Messerspitze kreuzförmig einschneiden; den Käse in der Mitte leicht eindrücken und in die Mulde jeweils 3 EL Calvados geben. Den Käse wieder in die Holzschachtel setzen, die Schachtel auf den Rost setzen und bei indirekter Hitze 15–20 Minuten bei geschlossenem Deckel grillen, bis sich der Deckel der Schachtel wölbt oder hebt.

4 Den Camembert vom Rost nehmen. Den Deckel der Käseschachtel entfernen, den Camembert mit schwarzem Pfeffer bestreuen und gleich servieren. Die Feigen mit den Nüssen dazu reichen.

Variante Ebenfalls köstlich ist Camembert, der vor dem Grillen mit Rosinen „gefüllt" wird, die 1–2 Tage in Portwein eingelegt wurden.

Tipps

Am besten schmeckt der originale Rohmilch-Camembert aus der Normandie.

Dazu passt frisches oder angeröstetes Baguette, in Scheiben oder Streifen geschnitten, das man in den Käse tunkt.

Die Holzschale darf nicht geklebt, sondern nur durch Metallklammern zusammengehalten sein. Alternativ funktioniert die Zubereitung auch mit Alufolie oder feuerfestem Porzellanschälchen.

Gefüllte Zucchiniröllchen auf Spießen eignen sich hervorragend als Fingerfood für Grillpartys. Sie sind nicht nur hübsch anzusehen, sondern auch gut zum Vorbereiten und Transportieren: Am See, im Park oder bei Freunden auf der Terrasse.

Zucchini-Schafkäse-Röllchen am Spieß

9 g E, 24 g F, 3 g KH
276 kcal
4
15 Minuten vorbereiten
1 Stunde marinieren
6 Minuten grillen

Zucchiniröllchen alla genovese mit Mozzarella

8 g E, 21 g F, 5 g KH
250 kcal
4
40 Minuten vorbereiten
15 Minuten grillen

Tipp

Dazu passt frisches Baguette und eine Sauce nach Wahl (Seiten 55, 57).

Köstliches mit Käse

Zucchini-Schafskäse-Röllchen am Spieß

80 min

200 g	Schafskäse
125 ml	Olivenöl
1 TL	Zitronensaft
2 TL	italienische Kräuter (getrocknet)
	Salz, Pfeffer
2	Zucchini (20–30 cm Länge)
12	Kirschtomaten
Außerdem	4 Bambus- oder Holzspieße

1 Schafskäse in ca. 1,5 cm dicke Würfel schneiden und in eine flache Schale legen. Öl mit Zitronensaft, den Kräutern, Salz und Pfeffer zu einer Marinade verrühren und darübergeben. Gekühlt ca. 1 Stunde ziehen lassen.

2 Zucchini längs in dünne, lange Streifen hobeln. Den Käse damit einwickeln. Abwechselnd mit Kirschtomaten auf Spieße stecken.

3 Spieße mit Marinade einpinseln und bei mittlerer direkter Hitze ca. 4–5 Minuten unter Wenden grillen, bis sich deutliche Röststreifen bilden, dabei hin und wieder mit der Marinade bepinseln.

Zucchiniröllchen alla genovese mit Mozzarella

400 g	junge Zucchini
1 Kugel	Mozzarella
1	Knoblauchzehe
20 g	Pinienkerne
50 ml	Olivenöl
½ Topf	Basilikum
40 g	geriebener Parmesan
1 EL	Paniermehl
	frisch gemahlener Pfeffer, Salz
Außerdem	4 gewässerte Holzspieße

1 Zucchini der Länge nach in ca. 5 mm dünne Scheiben schneiden. Die jeweils äußeren Scheiben mit der Schale verwerfen. Mozzarella in ca. 1 cm dicke Streifen schneiden, die etwa so lang sind, wie die Zucchini breit sind.

2 Die Knoblauchzehe abziehen, pressen und mit den Pinienkernen im Olivenöl bei schwacher Hitze in einer Pfanne anschwitzen. In eine Schüssel geben und mit Basilikum, Parmesan und Paniermehl mit einem Zauberstab pürieren, sodass ein streichfähiges Pesto entsteht. Mit frisch gemahlenem Pfeffer und ein wenig Salz würzen.

3 Auf jede Zucchinischeibe etwa einen Teelöffel Pesto streichen. Mozzarellastreifen an ein Ende der Zucchinischeiben legen. Die Scheiben von der schmalen Seite her aufrollen und jeweils etwa 3 Röllchen zusammen auf einen Grillspieß stecken.

4 Bei mittlerer Hitze etwa 10 Minuten indirekt, dann nochmals ca. 5 Minuten direkt grillen, sodass die Zucchini leicht braun werden. Dabei hin und wieder wenden.

Tipp

Wer Zeit sparen möchte, kann die Röllchen auch mit fertigem Pesto zubereiten.

Der Frischkäse Panir, in Würfelform aus indischen Gerichten bekannt, eignet sich hervorragend zum Grillen. Da es ihn nur sehr selten fertig zu kaufen gibt, sollte man ihn selbst herstellen. Keine Sorge: Das ist viel einfacher als man denkt und funktioniert auch mit veganer „Milch" sehr gut.

10 g E, 12 g F, 15 g KH
211 kcal
8

15 Minuten vorbereiten
3 Stunden marinieren
10 Minuten grillen

Indische Panir-Spieße „paneer tikka" mit Minzsauce

25 min

Panir-Spieße

300 g	Vollmilch- oder Sojajoghurt
1 TL	Kurkuma (gemahlen)
1	Knoblauchzehe
5 cm	frische Ingwerknolle
1 TL	Tandoori-Paste
1 gehäufter TL	Salz
1 TL	Ajowan (ersatzweise 1 TL getrockneter Thymian)
2 EL	Minze (gehackt)
1 Prise	Chilipulver
300 g	Panir (gekauft oder selbst gemacht, Seite 145)
600 g	Gemüse (Zwiebeln, feste Tomaten, bunte Paprika)
20 ml	Öl

1 Knoblauch schälen und pressen, Ingwer schälen und fein reiben. Mit Joghurt mit Salz und den Gewürzen zu einer Marinade vermischen und verrühren.

2 Panir in 2,5 cm große Würfel schneiden. Das Gemüse ebenfalls in 2–3 cm große Stücke schneiden und alles in eine Schüssel geben. Die Marinade dazugeben, gut vermengen und alles 3 Stunden ziehen lassen.

3 Panir und Gemüse abwechselnd auf Holzspieße stecken, mit Öl bepinseln, auf dem Grill bei mittlere Hitze direkt grillen und gelegentlich wenden.

Minz-Joghurt-Sauce

je 1 Handvoll	Minzblätter, Korianderblätter
2	grüne Chilis (Sorte nach Schärfevorliebe)
je 1 TL	Kreuzkümmelpulver, Chat Masala, Mango-Pulver
1 EL	Ingwer, gerieben
200 g	Vollmilch- oder Sojajoghurt
Etwas	weißer Essig
	Salz

Minz- und Korianderblätter sowie die Chilis (ohne Stiel und Kerne) in einem Mixer zu Mus zerkleinern. Mit den Gewürzen unter den Joghurt mischen und gut verrühren. Anschließend mit ein wenig weißem Essig und Salz abschmecken und kalt stellen.

Tipps

Wie Sie Panir (auch vegan) selbst herstellen können, zeigt das Rezept auf Seite 145.

Statt Gemüse können Sie Panir auch mit exotischen Früchten wie Mango oder Ananas auf Spieße stecken.

Aus dem Brot des Vortags wird in der Toskana ein köstlicher Salat bereitet. Man kann dafür Ciabatta oder Weißbrot – aber auch Bauernbrotscheiben verwenden. Der Panzanella lässt sich nicht nur sehr gut vorbereiten, er schmeckt sogar umso besser, je länger er zieht.

20 Minuten vorbereiten
1 Stunde marinieren
6 Minuten grillen

Panzanella mit veganem Grillkäse

150 g	Brot vom Vortag (z.B. Ciabatta oder Bauernbrot)
5	Tomaten
3	Lauchzwiebeln
1	rote Zwiebel
1	Salatgurke
5 Stiele	Petersilie
1–2 EL	Kapern (Glas)
10 EL	Olivenöl
6 EL	heller Balsamico- oder Weißweinessig
1 EL	Zitronensaft
	Salz und Pfeffer
180 g	veganer „Grillkäse" (gibt es fertig mariniert mit Kräutern im Handel)

1 Brot in dünne Scheiben schneiden. Brotscheiben in einer Pfanne in etwas Öl rösten, auf Küchenpapier abtropfen lassen und in Stücke brechen.

2 Tomaten würfeln, Lauchzwiebeln in Ringe schneiden. Zwiebel schälen und in dünne Ringe schneiden. Gurke waschen und würfeln. Petersilie grob schneiden.

3 Brot, Tomaten, Gurken, Frühlingszwiebeln, Zwiebeln und Kapern sowie Petersilie in einer Salatschüssel mischen. Olivenöl, Essig, Zitronensaft dazugeben, mit Pfeffer und Salz würzen. Alles gut vermengen, eine Stunde oder länger im Kühlschrank ziehen lassen und vor dem Servieren nochmals abschmecken.

4 Veganen Grillkäse in Scheiben schneiden. Mit etwas Olivenöl bestreichen und 5–6 Minuten auf beiden Seiten bei mittlerer direkter Hitze kross grillen. Auf dem Salat anrichten und Servieren.

126 Köstliches mit Käse

Tipp

Veganer Grillkäse aus Soja und pflanzlichen Ölen ist wirklich einen Versuch wert. Es kann auch veganer Panir verwendet werden (Seite 145), Halloumi oder ein anderer Grillkäse.

Der zypriotische Halloumi behält beim Grillen seine Form, anders als die meisten anderen Grillkäsesorten. Zusammen mit Feigen ergibt sich daraus die Kombination von salzig, fest und knusprig mit sanft, süß und cremig. Für den finalen Schliff sorgt der charakterstarke Chilihonig.

10 Minuten vorbereiten
5 Minuten grillen

Halloumi und Feigen mit Chili-Thymian-Honig

15 min

100 g	Halloumi (oder anderer Grillkäse)
1	rote Chilischote
2 Zweige	Thymian
¼	Bio-Zitrone
2 EL	flüssiger Honig oder Agavendicksaft
4	frische Feigen
1 EL	Olivenöl
	frisches (Weiß-)Brot

1 Käse in 4 nicht zu dünne Scheiben von ca. 1 cm Dicke schneiden. Die Chilischote waschen, vom Stiel befreien, der Länge nach aufschneiden, Scheidewände und Kerne entfernen. In feine Streifen schneiden. Thymianblättchen abstreifen. Zitronenschale heiß abwaschen, abtrocknen und abreiben oder mit einem Zestenreißer sehr feine Streifen abreißen.

2 Honig mit Chili, Thymian und Zitronenschale verrühren. Den Käse leicht mit Öl einpinseln. Feigen halbieren.

3 Die Käsescheiben mit Öl bepinseln, bei direkter mittlerer Hitze von jeder Seite etwa 2–3 Minuten grillen, bis er leicht angebräunt ist. Parallel die Feigenhälften ebenfalls von beiden Seiten 2–3 Minuten grillen. Beides lässt sich gemeinsam auch auf einer Grillschale zubereiten.

4 Käse und Feigen anrichten, etwas Chilihonig darübergeben und heiß servieren. Dazu schmeckt frisches Baguette.

Vegane Variante

Vegan wird dieses Gericht mit selbst gemachtem veganen Panir (Seite 145) und Ahornsirup.

Angeröstete Honigmelone vom Grill – eine herrlich fruchtige Überraschung. Noch besser gelingt der tolle Kontrast, wenn dazu noch ein salziger Grillkäse serviert wird. Ruck, zuck verzehrt – aber zuvor nicht die Limonenpfefferbutter vergessen: Die rundet das Aroma beider Zutaten ab.

8 | 14 g E, 21 g F, 10 g KH | 293 kcal
15 Minuten vorbereiten
6 Minuten grillen

Auch in Salat macht sich gegrillter Halloumi sehr gut. Hier mit Bohnen, Tomaten, Zwiebeln und Peperoni.

4 | 19 g E, 35 g F, 13 g KH | 452 kcal
40 Minuten vorbereiten
8 Minuten grillen

Vegane Variante

Für eine vegane Variante können bei diesem Gericht Panir aus Sojamilch statt Halloumi sowie Margarine statt Butter eingesetzt werden.

130 Köstliches mit Käse

Halloumi-Melonenspieße mit Limonenpfefferbutter

25 min

1	Bio-Limette
1 TL	schwarze oder bunte Pfefferkörner
60 g	Butter
	Salz
1	Galia- oder Honigmelone (ca. 700 g ohne Schale und Kerne)
400 g	Halloumi
Außerdem	8 gewässerte Bambusspieße

1 Limette heiß waschen, abtrocknen und Schale fein abreiben. Pfefferkörner im Mörser zerstoßen oder grob mahlen. Die zimmerwarme Butter mit Limettenschale und Pfeffer vermischen und mit Salz abschmecken.

2 Die Melone aufschneiden, entkernen und in Würfel mit ca. 1,5 cm Seitenlänge schneiden. Halloumi in ähnlich große Würfel schneiden. Abwechselnd Melonen- und Halloumistücke auf die Spieße stecken. Spieße 5–6 Minuten bei mittlerer Hitze von beiden Seiten direkt grillen, bis Käse und Melone Röststreifen bekommen. Vom Grill nehmen, mit der Butter bestreichen und warm servieren.

Vegane Variante

Nehmen Sie statt Halloumi veganen Grillkäse aus dem gut sortieren Bioladen oder veganen Panir (Seite 145).

Bohnen-Tomaten-Salat mit Halloumistreifen

50 min

600 g	Buschbohnen
400 g	Kirschtomaten
2	rote Zwiebeln
50 g	schwarze Oliven
6	getrocknete Tomaten (in Öl eingelegt)
6	milde eingelegte Peperoni
2 EL	Tomatenöl (von den getrockneten Tomaten)
4 EL	Olivenöl
4 EL	Weinessig
1 EL	frisch gepressten Zitronensaft
	Salz, frisch gemahlener Pfeffer
200 g	Halloumi

1 Die Bohnen putzen (Stiel abknipsen), in kochendem Salzwasser ca. 12 Minuten garen. Abgießen und mit kaltem Wasser abschrecken.

2 Kirschtomaten halbieren, die grünen Stielansätze herausschneiden. Zwiebeln schälen und in dünne Ringe schneiden. Oliven abtropfen lassen. Getrocknete Tomaten fein hacken. Peperoni in Stücke schneiden, dabei den Stiel entfernen. Alles mit den abgekühlten Bohnen in einer Schüssel behutsam mischen.

3 Für das Dressing Tomatenöl, Olivenöl, Essig und Zitronensaft verrühren, mit Pfeffer und Salz kräftig abschmecken. Über den Salat geben und alles vermengen.

4 Halloumi in gut 0,5 cm dicke Scheiben schneiden und 6–8 Minuten bei mittlerer Hitze direkt grillen. Auf dem Bohnensalat anrichten und servieren.

Die Kombination aus Zwiebel und würzigem Käse über offenem Feuer gegart ist etwas für Romantiker wie für Abenteurer – ob beim Picknick an einem lauschigen Sommerabend oder in einer Hütte in den Bergen.

12 g E, 16 g F, 18 g KH
270 kcal
4
20 Minuten vorbereiten
20 Minuten grillen

Wer bemerkt es zuerst? In das Päckchen hat sich etwas Fenchel eingeschlichen. Lange gelingt ihm das Versteckspiel nicht: Geschmort verbreitet er sein mildes Aroma, das sehr gut mit den typisch mediterranen Zutaten harmoniert. Sehr gut passen dazu die Peperonispieße von Seite 136.

13 g E, 28 g F, 4 g KH
327 kcal
4
15 Minuten vorbereiten
20 Minuten grillen

132 Köstliches mit Käse

Zwiebelhälften mit würziger Käsefüllung

40 min

4	große rote Zwiebeln
1	Knoblauchzehe
1	(mittel)scharfe eingelegte Peperoni
100 g	würziger Bergkäse
80 g	altbackenes Brot (oder Paniermehl)
70 g	Frischkäse
1 EL	gehackte Petersilie
1 EL	Olivenöl
1 TL	frisch gemahlener Pfeffer
¼ TL	Chilipulver oder scharfes Paprikapulver

1 Zwiebeln schälen, längs halbieren und die inneren Schichten entfernen, bis auf die 3 äußersten. Einen Teil des ausgenommenen Zwiebelfleischs fein hacken (ca. 2 EL voll). Knoblauch abziehen und fein hacken. Peperoni abtropfen lassen, entkernen und fein hacken. Käse reiben. Trockenes Brot reiben oder im Mörser zerstoßen.

2 Käse, Brot, Frischkäse, gehackte Zwiebeln, Knoblauch, Peperoni, Petersilie und Öl vermengen, mit Pfeffer und Chili abschmecken. Die Masse in die Zwiebelhälften füllen (nicht zu hoch befüllen, damit der schmelzende Käse nicht in die Glut tropft).

3 Zwiebeln bei mittlerer indirekter Hitze 15–20 Minuten garen, bis die Zwiebelaußenseite etwas runzlig geworden ist.

Tomaten-Fenchel-Schafskäse-Schmaus

1–2	Zwiebeln (ca. 80 g)
3–4	Tomaten (ca. 250 g)
1	Fenchelknolle (ca. 200 g)
300 g	Schafskäse
	Pfeffer, Salz
4 EL	Olivenöl
2 EL	gehacktes frisches Basilikum (oder 1 EL getrocknetes)
	Paprikapulver
Außerdem	4 Stück Alufolie (ca. 30 cm x 30 cm), alternativ 4 kleine Portionsschalen (feuerfestes Porzellan)

1 Zwiebeln schälen und in Ringe schneiden, von den Tomaten den Stielansatz entfernen, in dünne Scheiben schneiden. Vom Fenchel das Grün entfernen und fein hacken. Fenchelknolle längs halbieren und quer in sehr dünne Streifen schneiden. Käse zerbröseln oder in kleine Würfel schneiden.

2 Gemüse in die Mitte der vorbereiteten Alufolienstücke legen: Fenchelscheiben zuunterst, darauf die Tomatenscheiben. Diese mit Pfeffer und Salz würzen. Darauf die Zwiebeln legen. Jeweils 1 EL Olivenöl darübergeben. Den Käse auf das Gemüse krümeln. Mit Paprikapulver bestreuen.

3 Die Päckchen fest verschließen und 15–20 Minuten bei mittlerer Hitze garen lassen. Kurz vor dem Servieren das Basilikum über das Gericht streuen.

35 min

Tipp

Stilvoller und umweltfreundlicher als Alufolie sind kleine Portionsschälchen, etwa aus feuerfestem Porzellan.

Echter Feta ist weiß, eckig – und ein geschützter Begriff: Er darf nur in Griechenland aus Schafs- oder Ziegenmilch hergestellt worden sein. Seine Würze gibt einen guten Kontrast, zu dem alles erlaubt ist: Obst im Bananenblatt, Gemüse oder heimische Wildkräuter.

Feta mit Aprikosen im Bananenblatt

16 g E, 29 g F, 5 g KH
350 kcal
4 Portionen
15 Minuten vorbereiten
15 Minuten grillen

Feta mit Wildkräutern auf Gemüsestreifen

16 g E, 29 g F, 2 g KH
338 kcal
4 Portionen
10 Minuten vorbereiten
15 Minuten grillen

Köstliches mit Käse

Feta mit Aprikosen im Bananenblatt

400 g	Feta
2	Schalotten
4	frische Aprikosen
2 EL	Öl
	Paprikapulver rosenscharf
1 Zweig	Rosmarin
2 Stücke	Bananenblatt (ca. 30 cm x30 cm, alternativ: Alufolie) zum Servieren
Außerdem	4 in Wasser eingelegte Zahnstocher

30 min

Tipps

Beide Gerichte lassen sich auch mit veganem, gereiftem Weichkäse zubereiten. Er sieht sehr ähnlich aus und hat eine ähnliche Konsistenz, schmilzt allerdings nicht.

Schafskäse lässt sich auch sehr gut in feuerfesten Porzellanschälchen grillen.

1   Käse in zwei gleich große Stücke schneiden. Schalotten schälen in dünne Ringe schneiden. Aprikosen in Spalten schneiden. Bananenblatt gut waschen und mit einem Handtuch trocken wischen. In zwei etwa 30 cm große Stücke schneiden.

2   Je 1 EL Öl und jeweils die Hälfte der Zwiebelringe in die Mitte eines gewaschenen Bananenblatts geben. Käse auf die Zwiebeln legen und die Aprikosenstreifen geschuppt obenauf legen. Mit Paprikapulver bestreuen und mit je einem halben Zweig Rosmarin belegen. Die Bananenblätter wie Päckchen verschließen und ggf. mit Zahnstochern verschließen.

3   Päckchen bei milder Hitze direkt oder indirekt ca. 15–20 Minuten auf dem Rost schmoren.

4   Das Bananenblatt auf der Oberseite aufschneiden und servieren.

Feta mit Wildkräutern auf Gemüsestreifen

25 min

200 g	Gemüse (Möhren, Sellerie, Lauch)
2	Knoblauchzehen
400 g	Feta
	Pfeffer (aus der Mühle)
4 Zweige	Goldrute
4 Zweige	Schafgarbe
Etwas	Olivenöl
Außerdem	4 Portionsschalen oder Alufolie

1   Gemüse in dünne Streifen schneiden, Knoblauch schälen und in dünne Scheiben schneiden.

2   Den Boden der Schälchen mit ein wenig Olivenöl einfetten und mit den Gemüsestreifen auslegen. Den Käse in 4 passende Scheiben schneiden, auf die Gemüsestreifen legen. Mit frischem Pfeffer aus der Mühle würzen. Knoblauchscheiben und Kräuter auf den Käse legen, mit Olivenöl beträufeln. Mit dem Deckeln verschließen und 15–20 Minuten bei mittlerer Hitze auf dem Rost schmoren lassen. Notfalls kann das Gericht auch in Alufolie zubereitet werden.

Raclette gab es schon im Mittelalter: Nach urtümlicher Walliser Art legten die Alphirten den Käse nahe ans Feuer, wo er langsam schmolz und gleichzeitig geräuchert und gegrillt wurde. Die Zubereitung am offenen Grill ist dem Original daher sehr viel näher als die am elektrischen Grill am Esstisch …

12 g E, 17 g F, 13 g KH
262 kcal
4
25 Minuten vorbereiten
15 Minuten grillen

Raclette-Schälchen mit Peperonispießen

40 min

Raclette-Schälchen	
300 g	Kartoffeln
1	Zwiebel (ca. 80 g)
2	Gewürzgurken
150 g	Raclettekäse
Etwas	Butter (zum Einfetten, alternativ Öl)
	Salz, Pfeffer (aus der Mühle)
1 EL	frische Petersilie
Außerdem	4 feuerfeste Portionsschälchen (mit Deckel), alternativ: Alufolie

1 Kartoffeln in Salzwasser nicht zu weich kochen. Etwas abkühlen lassen und bei Bedarf pellen. In Scheiben schneiden. Zwiebel schälen und in dünne Scheiben schneiden. Gurken ebenfalls in Scheiben schneiden. Vom Käse wenn gewünscht die Rinde entfernen.

2 Schälchen mit etwas Butter oder neutralem Öl einfetten. Kartoffelscheiben schuppenförmig in die Schälchen geben. Zwiebel- und Gurkenscheiben darauflegen. Mit etwas Salz und Pfeffer würzen. Den Käse darauflegen und – wenn vorhanden – mit dem Deckel des Schälchens verschließen.

3 Die Schälchen bei mittlerer indirekter Hitze ca. 12–15 Minuten grillen, bis der Käse gut zerlaufen ist. Etwas Petersilie und frisch gemahlenen Pfeffer auf den Käse geben und heiß servieren.

Peperonispieße	
4	Knoblauchzehen
3 EL	Olivenöl
3 EL	Zitronensaft
20–30	eingelegte grüne Peperoni (aus dem Glas, Schärfe nach Geschmack)
Außerdem	4 Holzspieße

1 Den Knoblauch schälen und pressen, mit Olivenöl und Zitronensaft verrühren.

2 Die Peperoni abtropfen lassen, mit dieser Mischung bestreichen und bei direkter mittlerer Hitze 5–10 Minuten grillen, bis die sie Farbe annehmen.

Variante Statt der Zwiebeln, oder auch zusätzlich, passen Frühlingszwiebeln sehr gut dazu.

136 Köstliches mit Käse

Tipp

Geben Sie einen kleinen Schluck trockenen Weißwein in die Schälchen – das verhindert das Ansetzen.

Andere Länder, andere Sitten: Während in der türkischen und griechischen Küche mit Reis und/oder Hackfleisch gefüllte Weinblätter eine sehr beliebte Vorspeise sind, ist es in Frankreich eher üblich, Weinblätter mit Käse zu füllen. Wir grillen die französische Variante.

4 g E, 10 g F, 11 g KH
156 kcal
4
30 Minuten vorbereiten
2 Stunden kühlen
10 Minuten grillen

Ziegenkäse an Rosmarin-Orangen-Honig im Weinblatt

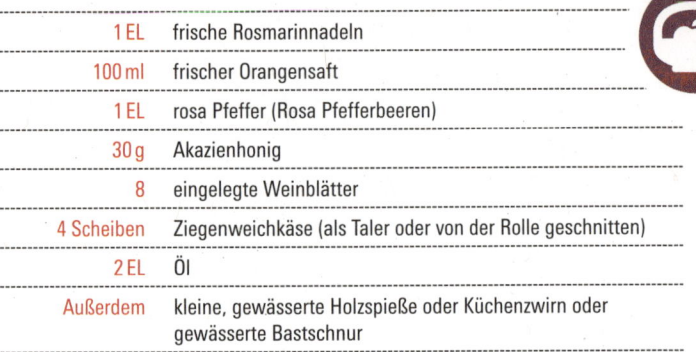

40 min

1 EL	frische Rosmarinnadeln
100 ml	frischer Orangensaft
1 EL	rosa Pfeffer (Rosa Pfefferbeeren)
30 g	Akazienhonig
8	eingelegte Weinblätter
4 Scheiben	Ziegenweichkäse (als Taler oder von der Rolle geschnitten)
2 EL	Öl
Außerdem	kleine, gewässerte Holzspieße oder Küchenzwirn oder gewässerte Bastschnur

1 Rosmarinnadeln, Orangensaft und Pfefferkörner in einen feuerfesten Topf geben und auf dem Grill (alternativ: auf dem Herd vorbereiten) bei mittlerer Hitze 8 Minuten auf die Hälfte reduzieren. Abkühlen lassen und den Akazienhonig unterrühren.

2 Die Weinblätter unter fließend kaltem Wasser abspülen, dann 15 Minuten im kalten Wasser einweichen. Noch einmal sorgfältig abspülen, anschließend trocken tupfen. Harte Blattrippen mit einer Schere entfernen und je 2 Blätter übereinanderlappend zusammenlegen. Die Käsescheiben auf die Blätter legen. Jeweils etwa 2 TL des Rosmarin-Orangen-Honigs darübergeben.

3 Erst die Seiten der Weinblätter, dann Ober- und Unterrand über die Füllung klappen. Wenn nötig die Päckchen mit Küchenzwirn oder gewässerter Bastschnur zusammenbinden oder auch mit Holzspießen fixieren. Päckchen zugedeckt im Kühlschrank 2 Stunden kühl stellen.

4 Gefüllte Weinblätter vor dem Grillen gut mit Öl bestreichen. Bei mittlerer bis hoher Hitze von beiden Seiten insgesamt rund 8–10 Minuten direkt grillen. Die Weinblätter können dabei ruhig dunkel werden, die äußeren Blätter werden nicht mitgegessen. Der übriggebliebene Rosmarin-Orangen-Honig kann zu den gegrillten Talern gereicht werden.

Variante In Weinblätter lassen sich auch Grillkäse oder Schafskäse wickeln. Eine nette Servieralternative ist es, wenn Sie einzelne Käsewürfel in Weinblätter wickeln und mehrere davon auf Spieße stecken. Statt der Honigmarinade schmecken auch Pesto und Pinienkerne sehr gut.

Tipps

Die gefüllten Weinblätter halten sehr gut, wenn man Sie mit etwas Küchenzwirn zusammenbindet.

Reichen Sie dazu frisches Baguette.

Gefüllte Champignons sind als Vorspeise oder Appetithappen auf Grillpartys immer beliebt. Nicht ohne Grund: Sie lassen sich vielfältig variieren, gut vorbereiten und einfach transportieren.

Champignons mit Manchego und getrockneten Tomaten

12 g E, 19 g F, 2 g KH
228 kcal
15 Minuten vorbereiten
15 Minuten grillen

Blauschimmel-Salbei-Champignons

10 g E, 14 g F, 1 g KH
177 kcal
15 Minuten vorbereiten
15 Minuten grillen

Tipp

Die fertige Champignonköpfe beider Gerichte lassen sich einfacher vom Grill nehmen, wenn sie auf einer Grillpfanne zubereitet werden. Die Grillzeit verlängert sich dann um wenige Minuten.

Champignons mit Manchego und getrockneten Tomaten

12	große Champignons
100 g	Manchego-Käse (alternativ Pecorino)
12	getrocknete, in Öl eingelegte Tomaten
1	Knoblauchzehe
Einige	Blättchen frischer Thymian
	Weißer Pfeffer, Salz
	Olivenöl

1 Champignons mit einer weichen Bürste oder einem Tuch säubern. Die Stiele vorsichtig herausbrechen und würfeln. Käse grob reiben, getrocknete Tomaten etwas abtropfen lassen und in feine Stücke schneiden (2 EL des Tomatenöls aufheben), Knoblauchzehe abziehen und pressen oder fein hacken.

2 Champignonwürfel, Käse, Tomaten, 2 EL Tomatenöl, Thymian, Knoblauch, Pfeffer und wenig Salz mischen, ggf. mit einem Pürierstab verrühren. Masse in die Champignonköpfe füllen.

3 Die gefüllten Champignons mit Olivenöl bepinseln und bei mittlerer Temperatur indirekt grillen, bis sie schrumpelig sind (etwa 15 Minuten).

Variante Champignonköpfe lassen sich fast beliebig füllen. Mit Tomaten, Mozzarella, frischem Basilikum und Olivenöl lässt sich etwa eine Caprese-Variante zubereiten.

Blauschimmel-Salbei-Champignons

15 g	Pinien- oder Zedernusskerne
12	große Champignons
1 Stiel	Salbei
100 g	Blauschimmelkäse
	Pfeffer
Etwas	Olivenöl

1 Pinienkerne in einer Pfanne ohne Fett anrösten und beiseitestellen. Champignons mit einer weichen Bürste oder einem Tuch säubern. Die Stiele vorsichtig herausbrechen. Salbeiblätter vom Stiel zupfen und fein hacken.

2 Käse in eine Schüssel geben, klein schneiden und mit einer Gabel zerdrücken. Pinienkerne, Salbei und etwas Pfeffer dazugeben und gut vermengen. Masse in die Champignonköpfe füllen.

3 Die gefüllten Champignons mit Olivenöl bepinseln und bei mittlerer Temperatur indirekt grillen, bis sie schrumpelig sind (etwa 15 Minuten).

Tipp
Dazu passen die bunten Kartoffelspieße (Seite 37) oder die Brotspieße (Seite 176).

Gefülltes Gemüse vom Grill kann so einfach sein. Schafskäse, Blattspinat und Knoblauch ergeben eine köstliche Füllung für Tomaten, gewürzt mit Oliven und frischem Basilikum passt der griechische Käse wunderbar zu Paprika: Schnelle, saftige Beilagen, die sich gut mit zum Grillpicknick nehmen lassen.

Gefüllte Tomaten mit Spinat und Schafskäse

13 g E, 21 g F, 5 g KH
270 kcal
4
20 Minuten vorbereiten
15 Minuten grillen

Gefüllte Spitzpaprika mit Schafskäse

7 g E, 13 g F, 5 g KH
175 kcal
4
20 Minuten vorbereiten
20 Minuten grillen

Tipp

Mit der Spinat-Käse-Mischung und der Käse-Oliven-Creme lassen sich auch Zwiebeln und kleine Kürbisse füllen.

Gefüllte Tomaten mit Spinat und Schafskäse

4	große Fleischtomaten (jeweils ca. 200 g)
1	Zwiebel (ca. 50 g)
200 g	Schafskäse
Etwas	Öl
200 g	Blattspinat (TK-Ware)
50 g	Zedernüsse (oder Pinienkerne)
	Salz, Pfeffer
	Muskatnuss
Außerdem	4 Portionsschalen (alternativ 4 Stück Alufolie, ca. 30 cm x 30 cm)

1 Von den Tomaten einen Deckel abschneiden und das Innere herauslöffeln. Die Tomaten mit der offenen Seite nach unten auf Küchenpapier stellen. Die Zwiebel schälen und in Würfel schneiden. Den Käse ebenfalls würfeln.

2 Zwiebelwürfel in etwas Öl glasig anschwitzen. Den angetauten Spinat dazugeben und ca. 5 Minuten dünsten. Die Zedernüsse/Pinienkerne ohne Fett anrösten.

3 Spinat, Käse und Zedernüsse/Pinienkerne gut vermengen und mit Salz, Pfeffer und Muskat würzig abschmecken. Die Masse in die Tomaten füllen und in eine feuerfeste Portionsschalen setzen. Alternativ auf ein mit Öl bestrichenes Stück Alufolie setzen und zusammenfalten.

4 Die Schälchen bzw. Tomatenpäckchen in die Glut legen und 10–15 Minuten garen.

Gefüllte Spitzpaprika mit Schafskäse

8	mittelgroße Spitzpaprikaschoten
1	Bio-Zitrone
1 Zweig	frisches Basilikum
12	grüne steinlose Oliven
150 g	Schafskäse
½ TL	scharfes Paprika- oder Chilipulver
1 EL	Olivenöl

1 Paprikaschoten längs nur auf einer Seite aufschneiden, entkernen und waschen. Zitrone längs in Achtel schneiden, den Saft auspressen und das Fruchtfleisch sowie die Fruchtwände entfernen. Stellen Sie die Zitronenschalen für später bereit und verwenden Sie den Zitronensaft für einen Drink oder anderes Rezept. Basilikumblätter und Oliven fein hacken. Käse zerkrümeln.

2 Käse mit Basilikum, Oliven, Paprika-/Chilipulver und dem Öl vermengen.

3 Paprikaschoten mit Käse-Mischung füllen. Jeweils ein Stück Zitronenschale mit der gelben Seite nach außen in die Öffnung schieben und diese dadurch verschließen. Bei mittlerer indirekter Hitze und wenn möglich geschlossenem Deckel etwa 15 Minuten garen. Zum Abschluss bei direkter Hitze von allen Seiten insgesamt 3–4 Minuten anrösten.

> **Tipp**
>
> Dazu passen die bunten Kartoffelspieße (Seite 37), die Brotspieße (Seite 176) oder die Peperonispieße (Seite 136).

Käsesorten für den Grill

Zu all den Vitaminen, Antioxidantien und Ballaststoffen aus gegrilltem Gemüse liefert der Grillkäse die fehlende Menge an Fett und Eiweiß. Darüber hinaus gibt er eine kräftige Würze, die auf dem Grill noch einmal einen Aromaschub erhält. Nicht jeder Käse eignet sich allerdings zur Zubereitung auf dem Rost: Die meisten Käsesorten schmelzen bei Hitze und tropfen in die Glut. Grillkäse hingegen halten auch hohen Temperaturen stand, und mit dem Schmelzpunkt steigt das Grillvergnügen. Direkte Hitze ist gefragt, denn nur so erhält der Käse die feine Bräunung und damit den richtigen Geschmack.

Abgesehen von zahlreichen neuen, in den letzten Jahren als „Grillkäse" in den Kühltheken des Einzelhandels angebotenen Käsevarianten, gibt es auch traditionelle Käsesorten, die direkt auf dem Rost zubereitet werden können. Wir verwenden sowohl die neuen wie die traditionellen Sorten. Unsere Favoriten stellen wir Ihnen hier vor:

Halloumi

Der bekannteste und beste der Grillkäse ist eindeutig Halloumi, ein halbfester Bratkäse aus Kuh-, Schafs- und Ziegenmilch. Diese Spezialität Zyperns, die auch in manchen Gegenden Griechenlands und der Türkei hergestellt wird, hat eine weiße Farbe, ist sehr fest und würzig – und quietscht beim Kauen. Da Halloumi seine Form behält, wenn er erhitzt wird, eignet er sich hervorragend für Grillspieße. Die Käse mancher Anbieter sind bereits sehr salzig; der Käse braucht daher nach dem Grillen nicht gesalzen zu werden. Wird der Salzgehalt als zu stark empfunden, kann er vorab in Scheiben geschnitten und etwa eine Stunde gewässert werden.

Panir

Panir (oder Paneer) ist der klassische indische und pakistanische Frischkäse, der als Zutat zahlreicher Gerichte geschätzt wird. Er eignet sich zum Kochen, Grillen und Braten. Anders als bei der in Europa verbreiteten Käsegerinnung wird beim Panir kein Lab eingesetzt. Das Verfahren ist denkbar einfach: Milch wird aufgekocht und durch Zugabe von Zitronensaft, Joghurt oder Essig zum Gerinnen gebracht, gesalzen wird der Käse nicht. Die Konsistenz ähnelt Ricotta, ist aber etwas fester. Für die Herstellung sollte beste Frischmilch mit hohem Fettanteil verwendet werden. Traditionell wird Kuhmilch verwendet, eine vegane Variante aus Sojamilch gelingt aber genauso gut.

Weich- und Frischkäse

Sie würden zwar durch den Rost tropfen – aber natürlich lassen sich auch weichere Käse auf dem Grill zubereiten. Die Tricks dafür sehen im Idealfall auch optisch gut aus. Camembert etwa kann in einem Schälchen oder einer Holzschachtel gegrillt werden, Schafskäse grillt man in Alupäckchen oder kleinen feuerfesten Schalen, Ziegenweichkäse im Weinblatt. Nicht zuletzt können diese Käsesorten als würzig-cremige Füllungen für ausgehöhltes Gemüse verwendet werden.

Panir selbst herstellen

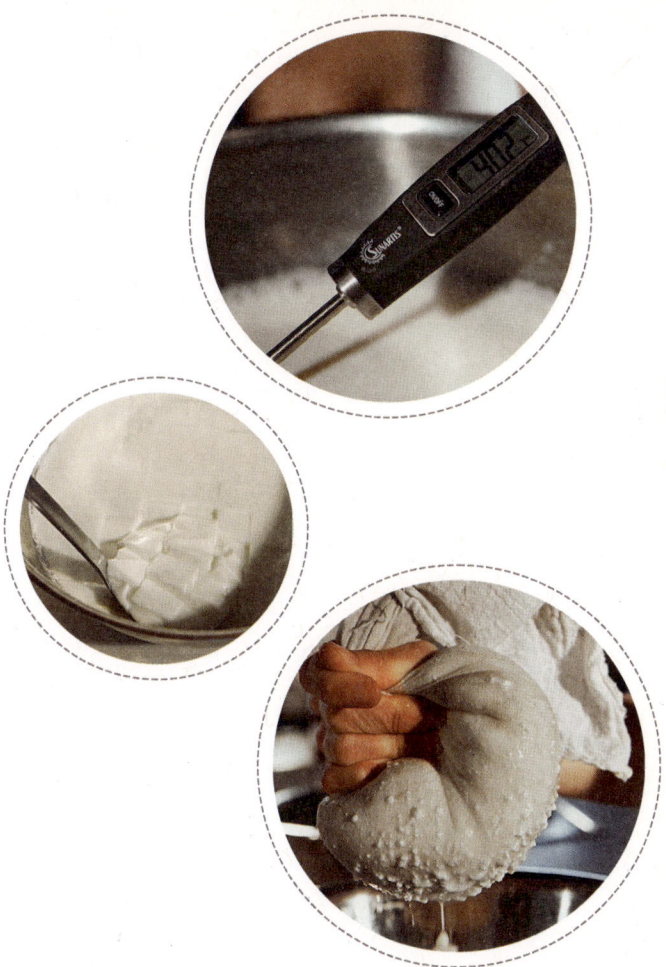

Variante aus Kuhmilch (Für 4 Portionen)

2 l	frische Vollmilch
50 ml	Weißweinessig
Außerdem	Sieb, sauberes Küchenleinen oder ein feinmaschiges Käsetuch

1 Milch in einem großen Topf unter Rühren erhitzen. Sobald die Milch kocht, auf kleine Stufe herunterschalten. Langsam den Essig hinzufügen, dabei stetig rühren. Innerhalb von 1–2 Minuten flockt die Milch aus und die Käsemasse trennt sich von der Molke. Sollte dies nicht passieren, die Temperatur wieder etwas erhöhen und noch 1–2 EL Essig hinzufügen.

2 Ein Sieb mit 3–4 Lagen Küchenleinen auslegen.

3 Die geronnene Vollmilchmischung langsam durch das Sieb abgießen, dabei nur die feste Masse auffangen und im Tuch abkühlen lassen. Die Käsemasse mit dem Tuch zusammendrücken, möglichst viel Flüssigkeit auspressen; hierzu die Enden des Tuchs fest zusammendrehen. Je mehr Flüssigkeit die Masse verliert, desto fester wird das Ergebnis. In einem zusammengeknoteten Tuch lässt sich der Panir auch zwischen zwei Küchenbrettern und mit Gewichten beschwert weiter entwässern. Wenn der Käse keine Molke mehr abgibt, in Frischhaltefolie wickeln und im Kühlschrank für einige Stunden oder über Nacht ruhen lassen.

Vegane Alternative (Für 4 Portionen)

2 l	ungesüßte Sojamilch
2	Zitronen
Außerdem	Sieb, sauberes Küchenleinen oder ein feinmaschiges Käsetuch

Zitronen auspressen, den Saft auffangen. Sojamilch in einem großen Topf erhitzen. Zitronensaft hinzugeben, mit der Sojamilch für etwa 5–10 Minuten aufkochen lassen, umrühren. Der Zitronensaft lässt die Sojamilch gerinnen. Weiter fortfahren wie oben beschrieben.

Tipp Würziger wird der Käse, wenn man mit dem Salz 2 TL indische Gewürze (Garam Masala) hinzugibt.

Variante Für einen Kräuterkäse geben Sie 2 Bund Gartenkräuter zur Käsemasse.

Streetfood vom Grill

Inspiriert von den Garküchen und Fastfood-Restaurants der Welt, finden Sie in diesem Kapitel vegetarische und vegane Rezepte für Sandwiches, Burger, gefüllte Brottaschen und Wraps vom Grill. Perfekt für eine lockere Grillparty – alles kann ohne Besteck und Teller aus der Hand gegessen werden.

Mit Erdnussbutter, Bananen und gebratenem Speck – so mochte Elvis Presley sein Sandwich. Wäre der King noch am Leben, könnte er der veganen Variante garantiert nicht widerstehen: würzig mariniertes, knusprig gegrilltes Tempeh schmeckt einfach zu gut.

26 g E, 28 g F, 45 g KH
540 kcal

20 Minuten vorbereiten
2 Stunden marinieren
10 Minuten grillen

Erdnussbutter-Bananen-Tempeh-Sandwich à la Elvis

30 min

2 EL	gehackter Ingwer
2 EL	Sojasauce
3 EL	Sambal Olek
4 EL	Rapsöl
¼ TL	Kurkuma, gemahlen
½ TL	Kardamom
	Salz
200 g	Tempeh
2	Bananen
8	Brotscheiben (Sandwichbrot oder Graubrot, je nach Geschmack)
8 EL	Erdnussbutter (amerikanische Art)
Außerdem	Grillgitter

1 Aus Ingwer, Sojasauce, Sambal Olek, Öl und Gewürzen eine Marinade mischen. Tempeh in ca. 1 cm dicke Scheiben schneiden und für mindestens 2 Stunden marinieren.

2 Bananen quer halbieren, längs in dünne Scheiben schneiden.

3 Alle Brotscheiben auf einer Seite dick mit Erdnussbutter bestreichen. Damit die Scheiben nachher aufeinanderpassen, je nach Form des Brotes vier „Vorder-" und vier „Rückseiten" bestreichen. Auf vier Brotscheiben die Bananenscheiben legen.

4 Tempeh aus der Marinade nehmen, abtropfen lassen und bei mittlerer Hitze direkt je Seite ca. 6 Minuten kross grillen. Tempehscheiben auf die Bananen legen und die zweite Brotscheibe obenauf legen.

5 Die Sandwiches in ein Grillgitter klemmen und von jeder Seite kurze Zeit direkt grillen, bis das Brot angebräunt ist.

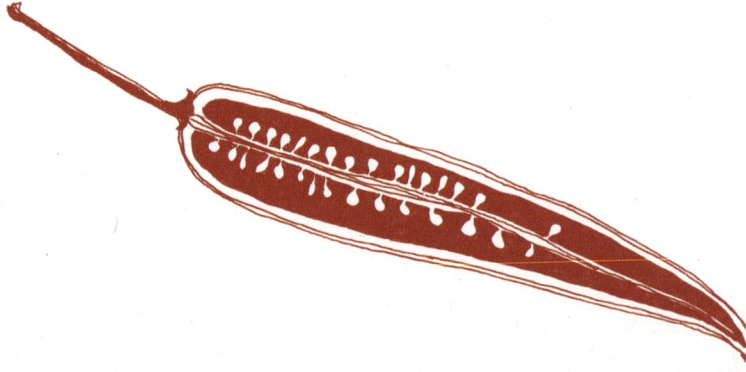

Tipp

Wer Tempeh nicht mag, kann dieses legendäre Sandwich auch mit Seitan oder Grillkäse zubereiten.

Der saftige Hut des Riesen-champignons eignet sich perfekt als Belag für einen Gemüseburger. Schnell zubereitet ist er auch noch: Servieren Sie ihn auf einem frischen, knusprig gegrillten Brötchen mit selbst gemachter Aioli.

4
7 g E, 42 g F, 47 g KH
603 kcal
20 Minuten vorbereiten
30 Minuten marinieren
10 Minuten grillen

Portobello-Burger mit veganer Basilikum-Aioli

60 min

	Basilikum-Aioli (Seite 60)
4	Portobello-Champignons (Riesen-Champignons)
1	Gemüsezwiebel
1	große Tomate
1	kleine Zwiebel
1	Knoblauchzehe
50 ml	Olivenöl
2 EL	Balsamico-Essig
1 TL	Salz
1 TL	schwarzer Pfeffer aus der Mühle
4	Burger- oder Vollkornbrötchen
4	Salatblätter

1   Aioli wie im Rezept auf Seite 60 beschrieben zubereiten.

2   Champignons putzen, Stiele und schwarze Lamellen sowie die Ränder der Pilzhüte entfernen. Gemüsezwiebel schälen und in ca. 0,5–1 cm dicke Scheiben schneiden. Tomate in Scheiben schneiden. Kleine Zwiebel und Knoblauch schälen und fein hacken.

3   Aus Öl, Essig, den Stücken der kleinen Zwiebel, Knoblauch, Salz und Pfeffer eine Marinade anrühren. Die Pilzhüte darin 15–30 Minuten marinieren.

4   Die großen Zwiebelscheiben sowie die Portobellos mit der Unterseite bei direkter mittlerer Hitze auf den Rost legen und 4–6 Minuten grillen. Beides mit Marinade bestreichen, wenden und weitere 4–6 Minuten grillen, bis die Pilze schrumplig geworden sind.

5   In der Zwischenzeit die Brötchen aufschneiden, die Schnittflächen etwa eine halbe Minute auf dem Grill anrösten und dann mit Aioli bestreichen. Tomatenscheiben und Salatblätter auf die untere Hälfte der Brötchen legen, jeweils einen Pilz darauflegen, mit etwas Salz und Pfeffer bestreuen und mit der Brötchenoberseite abdecken. Warm servieren.

Chimichangas sind frittierte oder gegrillte Burritos. Grundlage sind mexikanische Weizentortillas, die auf vielerlei Art gefüllt und dann zur Hälfte geklappt werden. Meist ist Käse drin – und Hühnchenfleisch. Letzteres sparen wir uns und ersetzen es durch ein Ragout aus Seitan oder Soja, mit saurer Sahne, Guacamole und scharfer Salsa!

14 g E, 11 g F, 29 g KH
280 kcal
30 Minuten vorbereiten
10 Minuten grillen

Chimichangas mit Seitan-Ragout

40 min

2	reife Fleischtomaten (ca. 200 g)
1	mittelgroße Zwiebel (ca. 60 g)
1	Knoblauchzehe
1	kleine Jalapeño-Chilischote oder ¼ TL Chilipulver
½	Paprikaschote (Farbe nach Geschmack)
100 g	Seitan
Etwas	Öl
½ TL	Kreuzkümmel, gemahlen
	Salz, schwarzer Pfeffer
2 EL	Limettensaft
4	Tortillas (18 – 20 cm Durchmesser, fertig gekauft oder selbst gemacht, Seite 47)
60 g	schwarze Bohnen aus der Dose (alternativ: Kidneybohnen)
60 g	geriebener Käse
Außerdem	mexikanische rote Salsa (Seite 32)
	saure Sahne
	Guacamole (Seite 55)
	ggf. 4 Stück Alufolie (ca. 30 cm x 30 cm)
	ggf. einige Zahnstocher

1 Die Tomaten waschen und in Würfel schneiden. Zwiebel fein würfeln, Knoblauch abziehen, dann hacken oder pressen, Chilischote entkernen und fein hacken, Paprika in dünne Streifen schneiden. Seitan in kleine Würfel schneiden.

2 Zwiebel, Knoblauch und Paprika in etwas Öl anbraten. Seitan, die Tomatenwürfel, Kreuzkümmel und Chili hinzugeben und einige Minuten schmoren und einkochen lassen. Anschließend das Ragout mit Salz, Pfeffer und Limettensaft abschmecken.

3 Tortillas kurz in einer trockenen Pfanne erwärmen – dann lassen sie sich besser rollen. In die Mitte jeder Tortilla etwas Ragout, Bohnen und Käse geben. Wer es schärfer mag, kann 1 – 2 TL mexikanische rote Salsa dazugeben. Zum Falten der Tortilla zu Burritos zwei Seiten der Tortilla einschlagen, dann die Unterseite über die Füllung schlagen und anschließend die Tortillas aufrollen. Entweder mit 2 – 3 Zahnstochern fixieren oder in Alufolie einwickeln.

4 Die Burritos bei mittlerer Hitze, zuerst mit der Nahtseite nach unten, auf den leicht gefetteten Grillrost legen. Auf beiden Seiten in ca. 5 – 8 Minuten grillen, bis sich Röststreifen bilden. Hin und wieder kontrollieren, sodass sie nicht verbrennen.

5 Die zu Chimichangas gegrillten Burritos auf Teller geben und nach Geschmack mit Salsa mexicana, Guacamole und saurer Sahne servieren. Dazu passen Reis und/oder Salat.

Variante mit Sojagranulat

2 Tassen Sojagranulat in 2 Tassen kochendem Wasser 2–3 Minuten quellen lassen. In etwas Öl Zwiebelwürfel anbraten, Sojagranulat, 2 EL Sojasauce, 2 EL Tomatenmark und Paprikapulver zugeben. 4–5 Minuten leicht köcheln, ggf. etwas Wasser dazugeben.

TexMex vegetarisch:
Das Rezept zu den mit Käse und Bohnen gefüllten Tortillas stammt aus Mexiko, wo sie Quesadillas genannt werden.

18 g E, 15 g F, 46 g KH
402 kcal
4
25 Minuten vorbereiten
10 Minuten grillen

Tortillas, die mit Käse und anderen Zutaten gefüllt und anschließend gebacken werden, sind vor allem in den USA verbreitet. Man isst sie warm und serviert dazu Guacamole und saure Sahne.

17 g E, 27 g F, 28 g KH
434 kcal
4
25 Minuten vorbereiten
8 Minuten grillen

Tipp
Nutzen Sie zum Grillen und guten Wenden ein Grillgitter.

Schwarze-Bohnen-Ziegenkäse-Quesadillas

35 min

1	mittelgroße Tomate
2	Frühlingszwiebeln
1 Dose	schwarze Bohnen (400 g)
150 g	Ziegenfeta
100 g	Mais (Dose)
1 EL	frische Oreganoblätter
½ TL	Chilipulver
	Pfeffer, Salz
6	Tortillas (fertige Weizen- oder Maisfladen – oder selbst gemacht, Seite 47)
Außerdem	wenn möglich: Grillgitter

1 Tomate aufschneiden, entkernen und in kleine Würfel schneiden. Frühlingszwiebeln schälen und in dünne Ringe schneiden. Feta zerkrümeln oder fein würfeln.

2 Die Bohnen abgießen und in einer Schüssel zerdrücken. Feta, Tomaten, Mais, Frühlingszwiebeln, Oregano und Chilipulver dazugeben. Alles gut vermengen und mit frisch gemahlenem Pfeffer und etwas Salz abschmecken.

3 Bohnen-Käse-Masse auf 3 der Tortillas gleichmäßig verteilen, dabei außen einen Rand von ca. 1 cm Breite aussparen. Jeweils eine weitere Tortilla darauflegen und andrücken.

4 Die Quesadilla bei mittlerer Hitze auf den leicht gefetteten Grillrost legen. Insgesamt 8–10 Minuten grillen, bis sie leicht angebräunt ist. Dabei hin und wieder wenden. Um die Quesadilla besser wenden zu können, kann man sie in ein Grillgitter klemmen.

5 Die Quesadillas in Viertel schneiden und heiß servieren. Dazu passen selbst gemachte Guacamole (Seite 55) und saure Sahne.

Chili-Käse-Avocado-Quesadillas

35 min

2	Spitzpaprika
2	Jalapeños oder andere grüne Chilischoten (Glas)
1	Avocado
4	mexikanische Tortillas (fertige Weizen- oder Maisfladen, ca. 20–24 cm Durchmesser, oder selbst gemacht, Seite 47)
200 g	geriebener Käse (z. B. Edamer, Gouda oder Cheddar)
6 EL	Röstzwiebeln
½ TL	Chiliflocken
Außerdem	wenn möglich: Grillgitter

1 Paprikaschoten in Ringe schneiden. Jalapeños oder andere grüne Chilischoten fein hacken. Avocado schälen und in Scheiben schneiden.

2 Die Hälfte der Tortillas mit Käse, Paprika, Avocado, Chili, Röstzwiebeln und Chiliflocken belegen, dabei außen einen Rand von ca. 1 cm Breite aussparen. Jeweils eine weitere Tortilla darauflegen.

3 Die Quesadillas auf dem Rost bei mittlerer Hitze pro Seite 3–4 Minuten grillen, bis der Käse geschmolzen ist und Röststreifen sichtbar sind. Dabei einige Male wenden. Um die Quesadilla besser wenden zu können, kann man sie in ein Grillgitter klemmen.

4 Die Quesadillas in Viertel schneiden und heiß servieren.

Italienische Wraps aus der Region Emilia-Romagna heißen Piadina. Knuspriges Fladenbrot wird frisch, ohne Fett auf einer gusseisernen Platte gebacken, anschließend belegt und zusammengeklappt. Bei der Füllung können Sie Ihrer Fantasie freien Lauf lassen. Unsere vier Piadine werden in den Nationalfarben Italiens gefüllt.

75 Minuten vorbereiten
8 Minuten grillen

Gefüllte Piadine

8	Piadine (dünne Fladenbrote, Seite 47)
150 g	Cheddar-Käse am Stück (oder ein anderer Hartkäse)
150 g	Mozzarella
6	Frühlingszwiebeln
½ Bund	Basilikum
4 EL	rotes Pesto (oder ein anderes Pesto aus dem Glas)
Außerdem	wenn möglich: Grillgitter

1 Piadine zubereiten. Käse reiben, Mozzarella in Scheiben schneiden, Frühlingszwiebeln putzen und die Zwiebelknolle sowie das helle Grün in Ringe schneiden, Basilikum in feine Streifen schneiden.

2 Käse, Mozzarella, Frühlingszwiebeln und Basilikum mischen.

3 Jede Piadina mit Pesto bestreichen. Auf 4 Fladen die Käse-Kräutermischung geben und mit den anderen 4, mit der Pesto-Seite nach unten, abdecken. Den doppelten Fladen in ein Grillgitter klemmen und von jeder Seite 3–4 Minuten direkt grillen, bis das Brot angebräunt ist.

4 Die gegrillten Piadine in Viertel oder Sechstel schneiden und servieren.

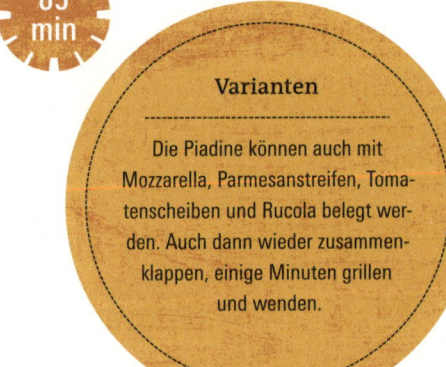

Varianten

Die Piadine können auch mit Mozzarella, Parmesanstreifen, Tomatenscheiben und Rucola belegt werden. Auch dann wieder zusammenklappen, einige Minuten grillen und wenden.

Tempeh hat Potenzial: Die fermentierten Sojabohnen finden viel zu selten ihren Weg auf den Grill. Dabei überzeugt Tempeh durch feinen, nussigen Geschmack und wird auf dem Rost schön knusprig. Wenn das keine Voraussetzung für einen proteinreichen, köstlichen Burger ist!

30 Minuten vorbereiten
30 Minuten marinieren
6 Minuten grillen

Tempeh-BBQ-Burger

70 min

200 g	Tempeh
2 EL	Rapsöl
2 EL	Sojasauce
1 TL	Paprikapulver
½ TL	Knoblauchpulver
1 TL	frisch gemahlener Pfeffer
100 g	Weißkohl
1 TL	Apfel- oder Weißweinessig
1 TL	Olivenöl
1 Prise	Zucker
	Salz, Pfeffer
4	(Hamburger-)Brötchen
50 ml	Barbecuesauce (gekauft oder selbst gemacht, Seite 55)

1 Tempeh in ca. 1 cm dicke Scheiben schneiden.

2 Rapsöl, Sojasauce, Paprikapulver, Knoblauchpulver und Pfeffer in einer Schüssel zu einer Marinade anrühren. Tempehscheiben mindestens 30 Minuten in der Marinade ziehen lassen.

3 In der Zwischenzeit den Weißkohl fein reiben, mit kochendem Wasser übergießen, abtropfen lassen, in eine Schüssel geben und mit Essig, Olivenöl, Zucker, Salz und Pfeffer anmachen.

4 Tempeh aus der Marinade nehmen und auf dem Grill bei mittlerer direkter Hitze 5–10 Minuten von beiden Seiten kross grillen.

5 Tempeh mit BBQ-Sauce und Kraut in die Brötchen geben und servieren.
Hierzu passen bunte Kartoffelspieße (Seite 37), Grillkartoffeln (Seiten 35, 65), Süßkartoffeln (Seite 44) oder Bananentaler (Seite 112).

Tipps

Dieser Burger schmeckt auch mit Seitan oder Nusstofu.

Statt des Kohls und der Barbecuesauce passen auch Tomaten und Gurken, Ketchup und Mayonnaise gut.

Gefüllte Fladen eignen sich wunderbar als Grill- und Fingerfood: Sie lassen sich ohne großen Aufwand im Park zubereiten und halten die Gäste bei Laune, während die übrigen Speisen auf dem Rost gegrillt werden.

23 g E, 46 g F, 77 g KH
834 kcal

10 Minuten vorbereiten
2 Stunden marinieren
10 Minuten grillen
ggf. 1 Stunde Hummus, Sesamfladen und Guacamole vorbereiten

Tipp

Verwenden Sie für die gefüllten Fladen Pitabrot vom türkischen Bäcker oder backen Sie die Fladen selbst (Sesamfladen, Seite 47).

Tofu-Gemüse-Fladen mit Rote-Bete-Hummus und Guacamole

1	Knoblauchzehe
4 EL	Sojasauce
4 EL	Olivenöl
2 EL	Balsamico-Essig
1 EL	Senf
1 TL	Rosenpaprika
½ TL	Chilipulver
100 g	fester Bio-Tofu
1	gelbe Paprika
1	Zucchini
4	Fladenbrote (gekauft, oder selbst gemachte Sesamfladen, Seite 47)
	Rote-Bete-Hummus (Seite 57, alternativ: fertiges normales Hummus)
	Salz, Pfeffer (frisch gemahlen)
	Guacamole (Menge wie Seite 55)

20 min

1 Die Knoblauchzehe abziehen, pressen und zusammen mit Sojasauce, Olivenöl, Balsamico-Essig, Senf, Rosenpaprika und Chilipulver eine Marinade herstellen.

2 Tofu in 1 cm dicke Streifen, Zucchini und Paprika in ca. 0,5 cm dicke Streifen schneiden. Alles in die Marinade legen und idealerweise mindestens 2 Stunden ziehen lassen.

3 Tofu und Gemüse bei mittlerer direkter Hitze etwa 8–10 Minuten grillen, bis sie jeweils leicht gebräunt sind.

4 Die Fladenbrote kurz auf dem Grill wärmen. An drei Seiten aufschneiden und ihre Unterseite dick mit Hummus bestreichen. Tofu- und Gemüsescheiben darauflegen, mit etwas Salz und Pfeffer aus der Mühle bestreuen. Die Guacamole daraufgeben. Sandwich zuklappen und servieren.

Burgerpattys kreativ zuzubereiten ist einfach. Für den Grill eignen sich besonders gut Pattys aus Kidneybohnen: Sie sind fest, bröckeln aber nicht. Außerdem steckt in ihnen nicht nur hochwertiges Eiweiß, sondern auch viele wichtige Mineralstoffe wie Eisen, Mangan und Molybdän.

14 g E, 16 g F, 50 g KH
415 kcal
6
20 Minuten vorbereiten
1 Stunde kühlen
10 Minuten grillen

Bagels mit mediterranem Grillgemüse

9 g E, 12 g F, 43 g KH
328 kcal
4
30 Minuten vorbereiten
30 Minuten ruhen
10 Minuten grillen

Tipp

Statt der Bagels können Sie natürlich auch weiche Vollkorn- oder Burgerbrötchen verwenden. Auch pur mit Grillsauce oder Cashew-Ketchup (Seite 57) schmecken die Burger köstlich.

Bagels mit Kidneybohnenpattys

250 g	Kidneybohnen (Dose)
1	große Zwiebel (ca. 100 g)
1	Knoblauchzehe
1	große Möhre (ca. 80 g)
5 EL	Olivenöl
4 EL	Haferflocken
2 EL	Soja- oder Kichererbsenmehl
1 EL	gehackten Thymian (oder 1 TL getrockneten)
2 EL	fein gehackte Petersilie
1 Msp.	Kurkuma
	Salz, schwarzer Pfeffer (frisch gemahlen)
Außerdem	Evtl. Pfannenwender, 6 Bagels, vegane Mayonnaise (Seite 60), Dijon-Senf, Tomatenscheiben, 1 Bund Rucola, ein paar Salatblätter, 1 Avocado, 20 g frische Sprossen (z. B. Radieschensprossen)

1 Kidneybohnen gut abspülen und abtropfen lassen. Zwiebel schälen und sehr fein hacken. Knoblauch schälen und pressen oder fein hacken. Die Möhre schälen und fein reiben.

2 Die Kidneybohnen mit 2 EL Olivenöl mischen und mit einem Kartoffelstampfer zerdrücken. Zwiebel, Knoblauch, Möhre, Haferflocken, Mehl, Kräuter und Gewürze dazu geben und gut vermengen. Kräftig mit Salz und Pfeffer würzen. Wenn der Teig zu feucht ist, weitere Haferflocken oder Mehl hinzugeben. Die Pattys müssen fest sein, dürfen aber nicht so trocken sein, dass sie beim Formen bröckeln.

3 Mit den Händen aus der Masse etwa 6 runde, sehr flache Pattys formen und möglichst 1 Stunde im Kühlschrank aufbewahren.

4 Die Pattys auf beiden Seiten mit Öl einpinseln. Anschließend ca. 4–6 Minuten je Seite bei mittlerer direkter Hitze grillen, bis sie leicht knusprig sind. Sehr vorsichtig wenden, am besten mit einem Pfannenwender. Zum Ende der Grillzeit Bagels aufschneiden und die Schnittflächen kurz anrösten.

5 Die Bagels mit den Pattys und je nach Geschmack mit Senf, Ketchup, Mayo, Tomatenscheiben, Salat, Avocado, Rucola und/oder Sprossen belegen. Hierzu passen bunte Kartoffelspieße (Seite 37), Grillkartoffeln (Seiten 35, 65), Süßkartoffeln (Seite 44) oder Bananentaler (Seite 112).

Bagels mit mediterranem Grillgemüse

1	rote Paprikaschote (ca. 180–200 g)
1	Aubergine (ca. 200 g)
3	schlanke Zucchini (ca. 300 g)
1–2	Zwiebeln (ca. 90 g)
Etwas	Olivenöl
	Salz, Pfeffer
4	Bagels (oder die Sesamfladen von Seite 47, alternativ auch Baguettebrötchen)
ca. 80 g	Ajvar (Paprika-Paste, aus dem Glas)
2 Handvoll	Basilikumblätter

1 Paprika vierteln, von Samen und Trennhäuten befreien, Aubergine und Zucchini quer in 5 mm dicke Scheiben schneiden. Zwiebeln abziehen und in etwa 1 cm dicke Scheiben schneiden.

2 Das Gemüse auf beiden Seiten mit Olivenöl bestreichen, salzen und pfeffern. Entweder in einer Grillschale oder direkt auf dem Rost grillen, bis sie gar, aber noch fest sind (ca. 10 Minuten). Paprika dabei mit der Außenseite nach unten grillen, bis die Haut Blasen bekommt.

3 Bagels aufschneiden und je Seite ca. 1 Minute bei direkter Hitze leicht rösten.

4 Beide Innenseiten der Bagels mit Ajvar bestreichen. Das gegrillte Gemüse und die Basilikumblätter auf die untere Bagelhälfte legen, mit der zweiten Bagelhälfte zudecken und gleich servieren. Dazu passt auch die Basilikum-Aioli von Seite 60 sehr gut.

„Vegane Steaks" können Sie im Bioladen oder im Internet kaufen. Es handelt sich dabei um Trockenprodukte auf Sojamehl-Basis, die durch Kochen in Gemüsebrühe ihre fleischige Konsistenz erhalten.

4
48 g E, 15 g F, 33 g KH
467 kcal
25 Minuten vorbereiten
1 Stunde marinieren
8 Minuten grillen

Gute vegane Burger sind gesund und vollwertig – wie dieser mit einem Grünkern-Linsen-Patty. Dazu passen gegrillte Kartoffeln oder Süßkartoffeln, die Bananentaler (Seite 112) und der Coleslaw (Seite 25).

6
6 g E, 14 g F, 49 g KH
348 kcal
12 Stunden einweichen
30 Minuten vorbereiten
12 Minuten grillen

Veggie-Steakbrötchen

95 min

	8	Soja-Big-Steaks (Trockenprodukt)
600 ml		Gemüsebrühe
	1	Knoblauchzehe
1 TL		Thymianblätter
1 TL		frischer Rosmarin
50 ml		Rapsöl
2 EL		Sojasauce
je ½ TL		Paprika edelsüß und scharf
½ TL		Chilipulver oder Cayennepfeffer
3 Tropfen		Raucharoma
		Pfeffer, Salz
	1	große Zwiebel (ca. 100 g)
	4	Brötchen nach Geschmack
	4	große Salatblätter
Außerdem		nach Geschmack Cashew-Ketchup (Seite 57), Barbecuesauce (Seite 55) und/oder vegane Mayonnaise (Seite 60)
		Grillpfanne

Tipp

Zum Marinieren der Sojasteaks eignen sich auch fertige Gewürzmischungen wie Steak- oder Barbecuegewürz.

1 Die Sojasteaks mit kochender, starker Gemüsebrühe übergießen und für 20 Minuten ziehen lassen, bis sie weich sind. Danach gut ausdrücken.

2 In der Zwischenzeit Knoblauch schälen und mit Thymian und Rosmarin fein hacken. Mit Öl, Sojasauce, Paprika- und Chilipulver sowie dem Raucharoma zu einer Marinade verarbeiten. Kräftig pfeffern und salzen. Die Marinade in die Sojasteaks einmassieren und diese möglichst lange (mindestens 30 Minuten) in der Marinade liegen lassen.

3 Brötchen aufschneiden. Salatblätter waschen und trocken schütteln. Zwiebel schälen und quer zu dem Ringen in 3–5 mm dünne Scheiben schneiden.

4 Die Steaks aus der Marinade nehmen und etwas abtropfen lassen. Steaks und Zwiebelscheiben direkt auf dem Rost oder in einer Grillpfanne bei mittlerer direkter Hitze 6–8 Minuten grillen.

5 Brötchen mit Salatblättern, Steaks und Zwiebeln belegen. Nach Wunsch Ketchup, BBQ-Sauce und/oder Mayonnaise auf das Veggie-Steak geben.
Dazu passen zum Beispiel die bunten Kartoffelspieße (Seite 37), Grillkartoffeln (Seiten 35, 65), Süßkartoffeln (Seite 44) oder die Bananentaler (Seite 112) sowie Coleslaw (Seite 25) oder Kartoffelsalat mit Pesto und getrockneten Tomaten (Seite 24).

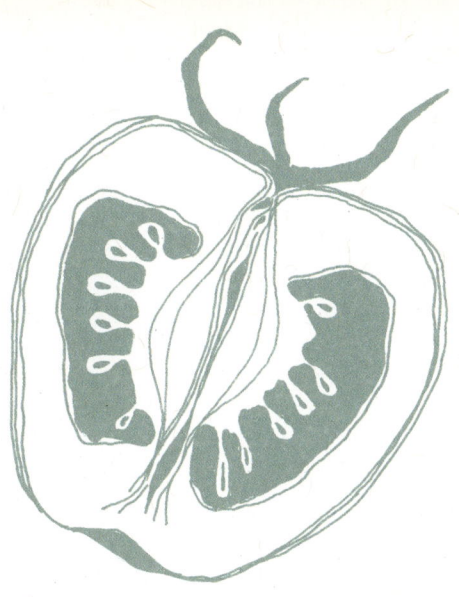

Klassischer Burger mit Grünkern-Linsen-Patty

40 g	rote Linsen
250 ml	Gemüsebrühe
75 g	grob geschroteter Grünkern
1	kleine Zwiebel (ca. 40 g)
1	Knoblauchzehe
1 EL	Tomatenmark
4 EL	Olivenöl
1½ EL	Ei-Ersatzpulver (oder Sojamehl)
1 EL	Hefeflocken
je 1 TL	Kräutersalz, Paprikapulver
je 1 EL	getrocknete italienische Kräuter, frische Petersilie
je ½ TL	Chilipulver, Kreuzkümmel
	Salz, Pfeffer (frisch gemahlen)
	Paniermehl
Außerdem	6 (Hamburger-)Brötchen, Salatblätter, Ketchup (z. B. Cashew-Ketchup, Seite 57)
	Senf, vegane Mayonnaise (Seite 60), Tomatenscheiben, Gurkenscheiben, Salatblätter

1   Linsen über Nacht in Wasser einweichen.

2   Linsen abgießen und gut mit Wasser spülen. Abtropfen lassen und mit Pürierstab oder im Mixer pürieren.

3   Gemüsebrühe zum Kochen bringen, Grünkernschrot einstreuen. Bei sehr geringer Temperatur für ca. 20 Minuten zugedeckt bissfest ausquellen lassen. Dann in einem Sieb gut abtropfen lassen.

4   Zwiebel und Knoblauch schälen und sehr fein würfeln. Mit dem ausgekühlten Grünkern und den Linsen vermengen. Tomatenmark, 2 EL Olivenöl, Ei-Ersatz, Hefeflocken, Kräuter und Gewürze dazugeben und gut verkneten. Kräftig mit Salz und Pfeffer würzen. Paniermehl dazugeben, bis der Teig fest ist, sich aber ohne zu zerbrechen formen lässt.

5   Aus dem Teig 4 dünne Bratlinge formen. Diese beiden Seiten gut mit Olivenöl bestreichen und bei mittlerer direkter Hitze auf dem Rost ca. 6 Minuten pro Seite knusprig braun grillen.

6   Die Hamburgerbrötchen aufschneiden und je nach Geschmack mit Salat, Ketchup, Senf, Mayonnaise, Tomatenscheiben, Gurken und Zwiebeln einen Burger zusammenstellen.

Austernpilze haben eine faserige Struktur und eignen sich daher ganz hervorragend zum Grillen. Mariniert und zu Fladenbrot und Gurken-Knoblauch-Creme serviert, erinnern sie an das traditionelle griechische Souvlaki im Pita-Brot.

18 g E, 21 g F, 43 g KH
444 kcal
4

20 Minuten vorbereiten
1 Stunde marinieren
15 Minuten grillen

Austernpilz-Souvlaki im Fladenbrot

⏱ 95 min

Austernpilzspieße

200 g	Austernpilze
1–2	Knoblauchzehen
8 EL	Olivenöl
	Pfeffer, Salz
1 TL	Oregano
	Saft einer halben Zitrone
Außerdem	4 Grillspieße
	4 Fladen (vom griechischen oder türkischen Bäcker oder nach Rezept, Seite 47)

Gurkencreme

1	Knoblauchzehe
1 Zweig	Minze
1	Salatgurke
250 g	Magerquark
125 g	fettarmer Joghurt
	Salz, Pfeffer

Tipp
Große Austernpilze können, ohne aufgespießt zu werden, direkt auf dem Rost oder auf einer Grillpfanne zubereitet werden.

1 Die Austernpilze von ihren harten Stielenden befreien und entlang der Lamellen in ca. 2 cm breite Stücke zerteilen. Die Pilzstreifen auf 4 gewässerte Holzspieße verteilen – dabei den Spieß in die Mitte der Pilze stecken. Knoblauchzehen abziehen, hacken, mit Öl, Pfeffer, Salz, Oregano und dem Zitronensaft mischen. Die Pilzspieße darin wenden und mindestens eine Stunde marinieren.

2 Für die Gurkencreme Knoblauch schälen und pressen oder fein hacken. Minze fein hacken. Gurke längs halbieren, Kerne mit Teelöffel entfernen, dann die Gurke auf dem Gemüsehobel in Scheiben schneiden. Knoblauch, Minze, Quark und Joghurt dazugeben und mit Salz und Pfeffer würzen.

3 Austernpilzspieße auf dem Rost 10–15 Minuten über direkter mittlerer Hitze grillen, bis sie leicht kross geworden sind, dabei hin und wieder wenden und mit der restlichen Marinade bestreichen.

4 Die (nach Wunsch zuvor auf dem Grill gewärmten) Fladen auf drei Seiten aufschneiden, die Spieße hineinlegen und mit etwas Gurkencreme servieren.

Variante Austernpilze schmecken auch hervorragend, wenn sie in einer Marinade aus Öl, Knoblauch, frischer gehackter Minze, Zitronensaft sowie Pfeffer und Salz mariniert werden.

Der Grill als Ofen

Der Siegeszug des Kugelgrills hat die Zubereitungsmöglichkeiten auf der Glut deutlich ausgeweitet. Sogar Pizzen, Flammkuchen oder Gerichte mit gestocktem Ei lassen sich auf diese Weise backen. Wer es ursprünglich mag, bäckt sich sein Brot am Stock gleich über offenem Feuer.

Die italienische Variante der spanischen Tortilla wird Frittata genannt. Bei der Füllung darf improvisiert werden: eine gute Möglichkeit, Reste aus Kammer und Kühlschrank zu veredeln. Sie kann übrigens auch kalt als Aperitif serviert werden.

15 Minuten vorbereiten
20 Minuten grillen

Bunte Paprika-Frittata

35 min

2	Frühlingszwiebeln
1	Knoblauchzehe
3	Paprikaschoten (je eine Schote pro Farbe)
2 EL	Pflanzenöl
6	Bio-Eier (Größe M)
60 ml	Milch (oder Sahne)
½ TL	Muskat
	Pfeffer, Salz
1 EL	frische Thymianblätter
50 g	Parmesan (gerieben)
1 Bund	Schnittlauch
Außerdem	Grillpfanne

1   Frühlingszwiebeln und Knoblauch schälen, fein hacken. Paprika vierteln, Kerne und weiße Fruchtwände entfernen; in kleine Würfel schneiden. Frühlingszwiebeln und Knoblauch in etwas Öl in einer gusseisernen Grillpfanne andünsten, die Paprika hinzugeben und ca. 6 Minuten mitdünsten.

2   In einer Schüssel Eier mit der Milch/Sahne verquirlen und mit Muskat, Pfeffer und Salz würzen sowie Kräuter und Parmesan unterrühren.

3   Die Ei-Masse über das gebratene Gemüse in der Grillpfanne gießen und alles noch einmal vermischen. Die Grillpfanne über indirekte starke Hitze (ca. 250 °C) stellen und die Frittata 15–20 Minuten bei geschlossenem Grill garen, bis das Ei vollständig gestockt ist. In dieser Zeit zwei- oder dreimal die Frittata mit einem Messer vom Pfannenrand lösen und hin und wieder die Grillpfanne etwas rütteln, damit sich das noch flüssige Ei verteilt.

4   Die Frittata wenige Minuten abkühlen lassen, dabei Schnittlauch in Röllchen schneiden. Frittata in der Pfanne in 4 oder 8 Stücke schneiden, mit Schnittlauchröllchen garnieren und warm oder kalt servieren.

Tipp

Garnieren Sie Ihre Frittata vor dem Servieren mit ein paar frischen Kräutern.

Eine Pizza aus dem Grill zaubern oder gemeinsam den Teig mit Popeyes Leibspeise belegen: Die ungeteilte Aufmerksamkeit Ihrer Gäste ist Ihnen in jedem Fall sicher. Wichtig für das Gelingen sind ein Grill mit Deckel sowie ein gut aufgeheizter Pizzastein oder eine Steinplatte.

4
20 g E, 26 g F, 53 g KH
567 kcal
40 Minuten vorbereiten
1 Stunde ruhen
20 Minuten grillen

Auch Calzone lässt sich mit einem Pizzastein oder einer Steinplatte auf dem Grill zubereiten.

4
17 g E, 21 g F, 62 g KH
515 kcal
30 Minuten vorbereiten
20 Minuten grillen

172　Der Grill als Ofen

Pizza „Popeye"

120 min

15 g	frische Hefe
ca. 300 g	Mehl
je 1 TL	Zucker, Salz
2 EL	Olivenöl
ca. 100 ml	lauwarmes Wasser
	Mehl zum Arbeiten
150 g	Pizzatomaten (Dose) oder pürierte Tomaten (Glas)
1 EL	Oregano (getrocknet)
450 g	Blattspinat (TK-Ware)
2	Knoblauchzehen
1	mittelgroße Zwiebel
3 EL	Olivenöl
	Salz, Pfeffer
	Muskat
150 g	Kirschtomaten
150 g	grob zerbröckelten Gorgonzola
Außerdem	Pizzastein oder eine Steinplatte

1 Für den Pizzateig: Die Hefe zerbröckeln und mit 3–4 EL lauwarmem Wasser glatt rühren. Das Mehl in einer Schüssel mit der angerührten Hefe, dem Zucker, Salz, dem Öl und ca. 100 ml lauwarmem Wasser zu einem geschmeidigen Teig verkneten, der nicht mehr am Schüsselrand klebt. Zugedeckt an einem warmen Ort etwa 1 Stunde gehen lassen.

2 Für die Tomatensauce Pizzatomaten mit dem Oregano, etwas Salz und Pfeffer verrühren.

3 Blattspinat auftauen lassen, dann gut ausdrücken. Knoblauch und Zwiebel schälen, fein würfeln und in Olivenöl glasig dünsten. Spinat zugeben, mit Salz, Pfeffer und Muskat kräftig würzen.

4 Den Teig auf bemehlter Arbeitsfläche nochmals gut durchkneten, eine Kugel formen und zu 3–4 mm dünn ausrollen. Am besten auf ein bemehltes Brett legen.

5 Tomatensauce dünn auf dem ausgerollten Pizzateig verteilen. Mit Spinat, Kirschtomaten und Gorgonzola belegen und dabei einen dünnen Rand frei lassen. Mit frisch gemahlenem Pfeffer bestreuen.

6 Den Grill und den Pizzastein gut aufheizen. Dann die Pizza vorsichtig auf den Pizzastein gleiten lassen. Den Grilldeckel verschließen und die Pizza bei größtmöglicher Hitze (rund 250 °C) ca. 10–12 Minuten goldbraun backen.

Tipp

Sie können natürlich auch fertigen Pizzateig aus dem Kühlregal verwenden. Oder Sie fragen den Pizzabäcker Ihres Vertrauens – er verkauft Ihnen sicherlich gerne etwas von seinem frischen Teig.

50 min

Mini-Calzone

200 g	Mozzarella
2	Tomaten (ca. 150 g)
400 g	Pizzateig (fertiger Teig aus dem Kühlregal oder selbst gemacht, Seite 172)
150 g	Pizza-Tomatensauce (aus der Dose oder selbst gemacht, Seite 172)
1 EL	frischer Oregano (und/oder Basilikum)
	Olivenöl

1 Mozzarella und Tomaten in ca. 0,5 cm dünne Scheiben schneiden.

2 Den Pizzateig gut durchkneten und in vier gleich große Kugeln teilen – mit den Händen zu dünnen Fladen ausziehen.

3 Je 1 Hälfte der Fladen mit 2 EL Tomatensoße, 2 Scheiben Mozzarella, 2 Tomatenscheiben und Oregano/Basilikum belegen. Die andere Hälfte daraufklappen und festdrücken.

4 Mit dem Olivenöl bepinseln und auf einem Pizzastein oder in einer gusseisernen Pfanne bei mittlerer Hitze (ca. 160–180 °C) und möglichst geschlossenem Grill auf jeder Seite ca. 8–10 Minuten backen, bis der Teig knusprig ist.

Vom Testobjekt zum Leckerbissen: Wenn der Flammkuchen früher im Brotbackofen weder zu lange brauchte noch völlig verkohlt war, stimmte die Temperatur. Längst aber wurde er als eigenständiger Leckerbissen entdeckt, der auf vielfältigste Weise belegt werden kann.

4 | 10 g E, 15 g F, 40 g KH | 350 kcal
15 Minuten vorbereiten
12 Minuten grillen

Flammkuchen mit Gorgonzola und Stachelbeeren

4 | 11 g E, 19 g F, 40 g KH | 382 kcal
15 Minuten vorbereiten
12 Minuten grillen

Zubereitung ohne Pizzastein

Alternativ können beide Rezepte auch ohne Pizzastein zubereitet werden: Dazu die Flammkuchen bei indirekter hoher Hitze auf einem geölten Rost backen.

174 Der Grill als Ofen

Flammkuchen rot-weiß-grün

Flammkuchenteig	
200 g	Mehl
2 EL	Öl
1/8 l	Wasser
	Salz

Belag	
1–2	rote Zwiebeln (ca. 80 g)
2	Frühlingszwiebeln
20	Cocktailtomaten
50 g	Parmesan
ca. 300 g	Flammkuchenteig (aus dem Kühlregal oder selbst gemacht)
100 g	Schmand/Crème fraîche
	Pfeffer, Salz
1 Bund	Rucola
Außerdem	ggf. Pizzastein

1   Aus Mehl, Öl, Wasser und Salz einen Teig kneten. Wenn er zu klebrig ist, etwas weiteres Mehl hinzufügen. Den Teig in vier Teile teilen und einzeln auf Backpapier sehr dünn (!) ausrollen.

2   Zwiebeln schälen und in feine Ringe schneiden. Frühlingszwiebeln putzen und die Hälfte des Grüns abschneiden. Den Rest in etwas breitere Ringe schneiden. Cocktailtomaten halbieren. Parmesan grob reiben.

3   Vom Flammkuchenteig gleichmäßig mit Schmand bzw. Crème fraîche bestreichen und mit Pfeffer und Salz würzen. Beide Zwiebelsorten sowie die Tomaten darauflegen.

4   Den Grill mit Pizzastein bei indirekter hoher Hitze aufheizen – das Thermometer am Grilldeckel soll ca. 220 °C anzeigen. Den belegten Flammkuchen auf den Stein legen – bei feuchten Teigen Backpapier benutzen. Deckel schließen und Flammkuchen 6–10 Minuten backen. Der Teig muss Blasen schlagen und von unten braun und knusprig werden. Nach dem Herausnehmen die Flammkuchen sofort mit Rucola und Parmesan belegen, in Stücke oder Dreiecke schneiden und servieren.

Flammkuchen mit Gorgonzola und Stachelbeeren

Belag	
2	rote Zwiebeln (ca. 80 g)
150 g	Stachelbeeren
100 g	Gorgonzola
100 g	Schmand oder Crème fraîche
	Pfeffer, Salz
Außerdem	ggf. Pizzastein

1   Den Flammkuchenteig wie im Rezept oben zubereiten.

2   Zwiebeln schälen und in feine Ringe schneiden. Größere Stachelbeeren halbieren. Gorgonzola zerkrümeln oder in kleine Teile schneiden.

3   Den Flammkuchenteig gleichmäßig mit Schmand bzw. Crème fraîche bestreichen und mit Pfeffer und Salz würzen. Zwiebelscheiben und Stachelbeeren darauflegen. Gorgonzola darüberstreuen.

4   Den Grill mit Pizzastein bei indirekter hoher Hitze aufheizen – das Thermometer am Grilldeckel soll ca. 220 °C anzeigen. Den belegten Flammkuchen auf den Stein legen – bei feuchten Teigen Backpapier benutzen. Deckel schließen und Flammkuchen 8–10 Minuten backen. Der Teig muss Blasen schlagen und von unten braun und knusprig werden. Nach dem Herausnehmen in Stücke oder Dreiecke schneiden und servieren.

Am Lagerfeuer macht der Klassiker besonders Kindern viel Freude: Sie können den Teig um einen selbst gesuchten Stock wickeln und zusehen, wie das Brot langsam backt. Wenn der Grillmeister das Zepter in der Hand behalten will, kann er diese perfekte Beilage aber auch auf dem Grillrost zubereiten.

2 g E, 9 g F, 17 g KH
160 kcal
12

30 Minuten vorbereiten
30 Minuten ruhen
15 Minuten grillen

Würzige Brotspieße

250 g	Mehl
1 TL	Salz
20 g	frische Hefe (oder 1 Päckchen Trockenhefe)
150 ml	lauwarmes Wasser
1 EL	Zucker
	Olivenöl
2	Knoblauchzehen
10	Oliven (entkernt, grün oder schwarz)
80 ml	Olivenöl
3 TL	getrocknete Kräuter (mediterran)
Außerdem	ca. 8–12 Holzspieße (für den Grill) oder dünne Stöcke (am Lagerfeuer), gewässert

1 Für den Teig Mehl und Salz in einer Schüssel mischen. Zerbröckelte Hefe, Wasser, Zucker und 3 EL Olivenöl zugeben. Alle Zutaten mit den Knethaken des Handrührers oder per Hand zu einem glatten Teig verkneten. Dann auf einer bemehlten Unterlage mit den Händen geschmeidig kneten. Zugedeckt an einem warmen Ort 30 Minuten gehen lassen.

2 Knoblauchzehen abziehen, pressen. Oliven fein hacken. Mit etwa 5 EL Olivenöl und den Kräutern vermischen und in den Teig einarbeiten. Teig dabei auf einer bemehlten Fläche nochmals gut durchkneten und weitere 10 Minuten ruhen lassen.

3 Teig in 8 gleich große Stücke teilen. Zu „Teigwüsten" von ca. 15 cm Länge rollen. Für die Grillvariante den Teig um die Spieße wickeln, am Lagerfeuer fest um das Stockende schlingen.

4 Den Teig noch einmal mit Olivenöl bestreichen und indirekt bei mittlerer Hitze (ca. 160–180 °C) ca. 10–12 Minuten auf dem Grill backen oder über das Lagerfeuer halten, während die Hauptspeisen parallel dazu zubereitet werden.

Tipp

Ein ganz besonderer Effekt wird erzielt, wenn man den Teig um Rosmarinzweige wickelt: Die Spieße backen auf dem Grill, das Kräuteraroma zieht direkt in den Teig!

Die Wurzel der Petersilie ist vergleichsweise unbekannt, findet aber dank ihres milden, charakteristischen Geschmacks immer mehr Liebhaber. Was passt da besser als eine Kombination mit selbst gepflückten Wildkräutern und einem Salat aus dem ebenfalls fast vergessenen Portulak?

6 g E, 36 g F, 7 g KH
380 kcal
4
35 Minuten vorbereiten
40 Minuten grillen

Tipp

Hinweise dazu, welche Wildkräuter sich eignen, finden Sie bei der wilden Frankfurter Grünen Sauce (Seite 65) und bei der Wildkräuterbutter (Seite 58).

Petersilienwurzel-Wildkräuter-Flan mit Portulak an Limonenvinaigrette

75 min

Flan

300 g	Petersilienwurzeln
50 g	gemischte Wildkräuter (Bärlauch, junger Giersch, Knoblauchsrauke, Wiesen-Bärenklau)
1	Bio-Limette
2	Bio-Eier (Größe M)
200 g	Schlagsahne
	Salz, Pfeffer
	Muskat
	Butter oder Öl zum Einfetten
Außerdem	4 Portionsformen (ca. 8 cm Durchmesser)
	Auflaufform mit Deckel
	Topf mit Deckel
ca. 1 l	Wasser

Salat

100 g	Portulak (oder Feldsalat)
1	Bio-Limette
6 EL	Olivenöl
1 TL	Dijon-Senf
	Pfeffer, Salz
½ TL	Honig
	Einige Wildkräuterblätter und Blüten zum Garnieren

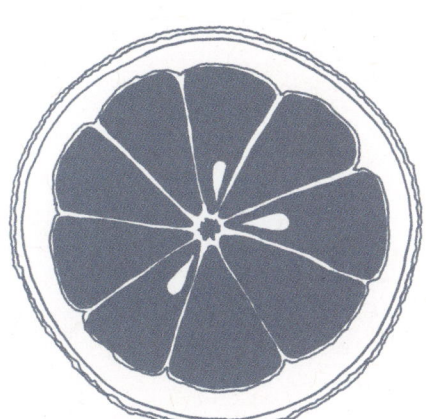

1 Für den Flan die Petersilienwurzeln waschen, schälen, in Stücke schneiden und in leicht gesalzenem Wasser ca. 20 Minuten gar kochen. Das Kochwasser abgießen und die Wurzeln pürieren.

2 Die Wildkräuter waschen, gut abtropfen lassen und grob hacken. Die Limette waschen, abtrocknen und die Schale dünn abreiben. Den Saft auspressen.

3 Gefäß mit ca. 1 l Wasser auf dem Grill erhitzen. Währenddessen die Eier mit der Sahne verrühren und das Wurzelpüree, die Wildkräuter und 1 EL der Limettenschale untermischen. Mit Salz, Pfeffer und Muskat würzen. Die Masse in gut eingefettete Portionsformen füllen. Die Portionsformen in eine tiefe Auflaufform stellen und diese mit dem kochend heißen Wasser füllen, bis die Formen zur Hälfte im Wasser stehen. Die Auflaufform auf den Rost stellen und bei geschlossenem Deckel bei mittlerer Hitze (ca. 160–180 °C) rund 35–40 Minuten stocken lassen.

4 Für den Salat Portulak oder Feldsalat waschen und putzen. Abtropfen lassen. Limette heiß abwaschen, abtrocknen und einen ½ TL Schale fein abreiben. Dann auspressen und Saft auffangen. Aus Olivenöl, Senf, Limettensaft, Pfeffer, Salz und Honig ein Dressing anrühren.

5 Die Formen aus dem Wasserbad nehmen. Mit einer dünnen Klinge die Flans am Rand entlang lösen und auf eine Platte stürzen. Den Flan auf Tellern neben den Salatblättern anrichten. Das Dressing auf den Salat geben und mit Wildkräutern und Blüten garnieren.

Variante Flans lassen sich gut mit verschiedenen milden Gemüsesorten variieren: Am besten eignen sich Zucchini, Broccoli, Möhren und Sellerie.

Menü-Vorschläge

Grillen macht in guter Gesellschaft am meisten Spaß – aber die stellt sich zum Glück ganz von selbst ein, sobald ein Grillevent angekündigt wird. Ob Freunde, Familie oder beides: Rezepte gibt es für jede Art von Zusammenkunft. Hier stellen wir ein paar Menüfolgen vor, mit denen der Abend garantiert zum kulinarischen Erfolg geführt wird.

Das Festmahl

Edle Speisen für ein aufwendig gestaltetes Dinner? Das schließt einen Grillabend nicht aus – im Gegenteil. In diesem Menü verbindet sich Edles mit Raffiniertem zu einem kulinarischen Erlebnis für Ihre Gäste.

Zum Aperitif: Baguette mit Rote-Bete-Hummus (Seite 57)

Vorspeise: Gegrillte Avocado mit Salsa mexicana (Seite 32)

1. Gang: Tempeh-Saté-Spieße mit Erdnusssauce (Seite 93), dazu Naan-Brot (Seite 46)

2. Gang: Petersilienwurzel-Wildkräuter-Flan mit Portulak an Limonenvinaigrette (Seite 179)

3. Gang: Spitzkohlrouladen mit Maronenfüllung und Salbei-Senf-Sauce (Seite 84), als Beilage: Pfeffrige Polenta-Taler (Seite 40)

Desserts: Ziegenkäse an Rosmarin-Orangen-Honig im Weinblatt (Seite 137), dazu Flambierte Zwetschgenspieße (Seite 197)

Grillen mit Freunden

Locker und leger: Wenn Sie Freunde erwarten, die nicht die ganze Zeit am gedeckten Tisch sitzen wollen und nichts gegen Fingerfood einzuwenden haben, eignet sich die folgende Menüfolge perfekt.

Zum Aperitif: Knusprige Möhrenchips (Seite 39)

Vorspeise: Rot-grüner Couscous-Salat (Seite 22)

1. Gang: Schwarze-Bohnen-Ziegenkäse-Quesadillas (Seite 155)

2. Gang: Würzige Tempeh-Mais-Spieße (Seite 108)

3. Gang: Gefüllte Gemüsezwiebeln mit Couscous und Feta (Seite 86)

4. Gang: Fruchtige Seitan-Spieße (Seite 93)

Dessert 1: Camembert mit Calvados an Feigen und karamellisierten Nüssen (Seite 120)

Dessert 2: Schoko-Grillpralinen (Seite 200)

Perfekt für den Park

Es ist heiß, die Sonne lacht und die Natur lockt nach draußen: Was gibt es Schöneres, als einen Grillnachmittag mit Freunden im Park, am Flussufer oder im Schrebergarten zu verbringen? Dann braucht es Gerichte, die sich gut vorbereiten bzw. transportieren lassen. Wie wäre es mit den folgenden Vorschlägen? Je mehr Sie in Boxen verpackt mitbringen, desto besser der Nachmittag!

1. Box: Pikante Süßkartoffeln aus der Folie (Seite 44)

2. Box: Zwiebelhälften mit würziger Käsefüllung (Seite 133)

3. Box: Seitan-Feigen-Spieße (Seite 102)

4. Box: Gefüllte Paprikaschoten mit Couscous, Mandeln und Datteln (Seite 70)

5. Box: Hausgemachte Rostbratwürste (Seite 99)

Nachtischbox: Bananen mit Schokolade (Seite 188)

Für Experimentierfreudige

Wer mehr als einfach grillen will, sollte sich diese Gerichte nicht entgehen lassen. Laden Sie Ihre Lieblings-Testpersonen ein, frischen Sie Ihr Konversationswissen zu Kale-Chips, dem King und Yakitori-Hühnchen auf – und ein unvergesslicher Grillabend kann beginnen.

Zum Aperitif: Kale-Chips (Seite 39)

Vorspeise: Erdnussbutter-Bananen-Tempeh-Sandwich à la Elvis (Seite 148)

Hauptgang 1: Falsches Yakitori-Hähnchen am Spieß (Seite 106), dazu Pikante Süßkartoffeln aus der Folie (Seite 44)

Zwischengang: Rote-Bete-Birnen-Carpaccio (Seite 30)

Hauptgang 2: Petersilienwurzel-Wildkräuter-Flan mit Portulak an Limonenvinaigrette (Seite 179)

Dessert 1: Feta mit Aprikosen im Bananenblatt (Seite 135)

Dessert 2: Orientalische Bratäpfel mit Rosenwasser (Seite 192)

Schnell und spontan

Wer keine Zeit hat für ein aufwendiges Menü, seine Gäste aber trotzdem begeistern will, sollte sich dieses Blitzmenü anschauen. Die Speisen sind schnell gemacht und schmecken köstlich. Die Zutaten dazu gibt es in jedem Supermarkt um die Ecke.

Zum Aperitif: Schnelle Ajvar-Schafskäse-Paste (Seite 54) und italienische Kräuterbutter (Seite 58), dazu Baguette oder Fladenbrot (Seite 47)

Vorspeise: Blauschimmel-Salbei-Champignons (Seite 141)

1. Gang: Schnelle italienisch gefüllte Grilltomaten (Seite 79)

2. Gang: Zucchini-Schafskäse-Röllchen am Spieß (Seite 123), als Beilage: Pikante Süßkartoffeln aus der Folie (Seite 44)

3. Gang: Bunte Paprika-Frittata (Seite 170)

Dessert: Obstspieße mit Rumbutter (Seite 190)

Sehr gut vegan grillen

Wird neben Fleisch und Fisch auch auf tierische Produkte allgemein verzichtet – dann öffnen sich ganz neue Geschmackswelten. Vegetarier wie Fleischliebhaber werden staunen und begeistert sein. Versprochen.

Zum Aperitif: Gegrillte Pimientos de Padrón (Seite 29)

Vorspeise: Bunte Kartoffelspieße (Seite 37) mit veganer Basilikum-Aioli (Seite 60)

1. Gang: Chimichangas mit Seitan-Ragout (Seite 152), Salatbeilage: Berglinsen-Birnen-Salat (Seite 29)

2. Gang: Auberginen & Zucchini mit Misoglasur (Seite 80)

3. Gang: Tempeh-Saté-Spieße mit Erdnusssauce (Seite 93)

Dessert: Gegrillte Mango mit veganer Panna cotta (Seite 188)

Süßes vom Grill

Wie bei jedem Menü gehört auch beim Grillen ein süßer Abschluss dazu. Einige Früchte eignen sich hervorragend für eine Zubereitung auf dem Rost. Aber es muss nicht immer Obst sein. Probieren Sie doch einmal Grillpralinen, süße Polentaecken oder auch Käseküchlein.

Pfirsiche und Mandeln passen nicht ohne Grund geschmacklich hervorragend zusammen: Biologisch gesehen sind sie sehr nahe Verwandte. In diesem Gericht findet also zusammen, was zusammengehört.

8
194 kcal
4 g E, 14 g F, 11 g KH

10 Minuten vorbereiten
1 Stunde kühlen
15 Minuten grillen

Pfirsich-Amaretto-Traum

85 min

100 g	Amarettini (oder andere Mandelkekse)
60 g	Mandeln (gehobelt oder gestiftet)
60 g	weiche Butter
4 EL	Amaretto (oder alkoholfreie Alternative, siehe Tipp)
1 EL	Zesten einer Bio-Zitrone
4	Pfirsiche
Außerdem	4 Stück Alufolie (ca. 20 cm x 30 cm)

1 Die Amarettini grob zerbröseln und mit Butter, Amaretto, Mandeln und Zitronenschale zu einem Teig verkneten. 1 Stunde kühl stellen.

2 Die Pfirsiche halbieren und entkernen. Jeweils zu zweit auf die Alufolienstücke legen. Den Teig auf den Pfirsichhälften verteilen und leicht andrücken. Folie oben zusammendrücken. Bei mittlerer indirekter Hitze 15–20 Minuten schmoren.
Dazu passt ganz hervorragend eine Kugel Vanilleeis.

Süßes vom Grill

Tipp

Wer keinen Amaretto verwenden möchte, kann stattdessen auch etwas Zitronensaft oder mehr Butter in den Teig geben.

Der Käsekuchen in Muffinform ist eine gelungene Nachtischüberraschung aus dem Kugelgrill. In Kombination mit den gegrillten frischen Pfirsichen gelingt Ihnen so ein süßes Gedicht!

9 g E, 6 g F, 23 g KH
186 kcal
12
20 Minuten vorbereiten
20 Minuten grillen

Käsetörtchen aus dem Kugelgrill mit gegrillten Pfirsichen

40 min

	6	frische Pfirsiche
	1	Bio-Zitrone
	4	Bio-Eier (Größe M)
	500 g	Magerquark
	2 EL	Mehl
	1 Pck.	Vanillepuddingpulver
	130 g	Puderzucker
	150 ml	Schlagsahne
	Außerdem	Metall- oder Porzellan-Muffinformen, etwas Margarine (zum Einfetten)

1 Pfirsiche für 5 Sekunden in kochendes Wasser geben. Mit einem Schaumlöffel herausnehmen und unter kaltem Wasser abschrecken. Nun die Haut abziehen. Pfirsiche halbieren und entsteinen. Abdecken und bis zur Weiterverarbeitung im Kühlschrank aufbewahren.

2 Zitrone waschen und die Schale mit einer Reibe abreiben. Auspressen und den Saft bereitstellen. Die Eier trennen, Eigelb auffangen und das Eiweiß steif schlagen. Kühl stellen.

3 Quark, Eigelb, 1 EL Zitronenzesten und Zitronensaft verrühren. Dann vorsichtig Mehl mit Puddingpulver und Puderzucker unter die Quarkmasse rühren. Sahne steif schlagen und ebenfalls vorsichtig unterheben. Zum Schluss das steif geschlagene Eiweiß unterheben.

4 Die Muffinformen mit Margarine einfetten. Teig in die Formen füllen (max. zu ¾ befüllen) und im Kugelgrill bei indirekter mittlerer Hitze (ca. 170–180 °C) etwa 20 Minuten backen. Danach die Muffins vom Grill nehmen und in der Form etwas abkühlen lassen, bevor sie vorsichtig herausgenommen werden können. Wenn nicht genügend Formen in den Grill passen, den Backvorgang ein weiteres Mal wiederholen.

5 Die Schnittflächen der Pfirsiche mit Öl bestreichen. Die Pfirsiche mit den Schnittseiten nach unten ca. 5 Minuten bei mittlerer direkter Hitze (ca. 160–180 °C) grillen, bis sie heiß sind und etwas Farbe angenommen haben.

6 Käsetörtchen mit den heißen Pfirsichen servieren.

Reife, süße Mangos gehören zu den besten Grillfrüchten. Sie passen dank ihrer Säure wunderbar zu einer milden Panna cotta. Geschmacklich steht die vegane Version der üblichen Variante übrigens in nichts nach.

25 Minuten vorbereiten
50 Minuten kühlen
8 Minuten grillen

Banane vom Grill ist nicht umsonst der unangefochtene Klassiker. Sie braucht fast keine Vorbereitung und keine weiteren Mitspieler: pur aus der Schale ist sie bereits ein fruchtiger Genuss. Andererseits kann es nie schaden, einen Klassiker noch weiter zu verfeinern.

5 Minuten vorbereiten
10 Minuten grillen

188 Süßes vom Grill

Gegrillte Mango mit veganer Panna cotta

500 ml	Sojasahne
2 g	Agar-Agar
220 g	Rohrzucker
1 gestr. TL	gemahlene Vanille (oder 1 Tütchen Bourbonvanillezucker)
2	reife Mangos
Etwas	Rapsöl
Außerdem	8 hitzebeständige Förmchen

1 Sojasahne, Agar-Agar, 40 g Rohrzucker und die gemahlene Vanille mit einem Schneebesen gründlich verrühren. In einem kleinen Topf vorsichtig unter Rühren aufkochen, Hitze reduzieren und 5 Minuten köcheln lassen. Heiß in 8 hitzebeständige Förmchen füllen und 30–60 Minuten im Kühlschrank abkühlen lassen.

2 Die Mangos halbieren, Schale und Kern entfernen und in dickere Spalten schneiden. Die Schnittflächen mit etwas Öl bestreichen und auf dem Grillrost bei mittlerer Hitze (ca. 160–180 °C) ca. 6–8 Minuten von beiden Seiten grillen bis sie Röststreifen aufweisen.

3 Die Panna cotta auf Dessertteller stürzen. Die Mangos vom Grill nehmen, und mit der Panna cotta anrichten.

Bananen mit Schokolade

	4	Bio-Bananen
	1 Tafel	Vollmilch- oder Zartbitterschokolade

1 Ungeschälte Bananen vor dem Grillen auf der „Innenseite" längs einschneiden und Schokoladenstückchen unter die Schale stecken.

2 Bananen seitlich auf den Grill legen und bei mittlerer direkter Hitze von beiden Seiten grillen bis die Schale fast schwarz ist.

3 Die Schokobananen aus der Schale löffeln. Dazu passt Vanille- oder Mandeleis.

Variante Gegrillte Bananen lassen sich auf vielerlei Art köstlich variieren, zum Beispiel mit Kokos-Butter. Dazu die Bananen in der geschlossenen Schale grillen und über die geschälte heiße Banane eine Buttermischung geben, in die Kokosraspeln, Mandelsplitter, Honig sowie etwas Ingwer- und indisches Currypulver geknetet wurde.

Tipp

Vegane Sahne gibt es nicht nur auf Sojabasis. Wer den leichten Sojageschmack nicht mag, kann Alternativen auf Reis-, Mandel- oder Haferbasis probieren.

Gegrillte Fruchtspieße runden jedes Grillmenü ab und sorgen für Abwechslung in Farbe und Geschmack. Ihren Kick bekommen die Spieße durch die warme Sauce aus Butter und Rum.

20 Minuten vorbereiten
1 Stunde marinieren
10 Minuten grillen

Eierkuchen, Pancake, Crêpes oder Blini: Mehlspeisen sind in vielen Ländern der Welt bekannt und beliebt. Als Palatschinken gehören sie zu den kulinarischen Schätzen der österreichischen Küche. Mit Bananen gegrillt und mit Schokoladensauce serviert, wird ihnen kein Grillfreund widerstehen können.

30 Minuten vorbereiten
20 Minuten ruhen
10 Minuten grillen

Obstspieße mit Rumbutter

1	Pfirsich
150 g	Ananas
2	Bananen
½	Orange
100 ml	brauner Rum
50 g	brauner Zucker
2 EL	Butter
Außerdem	8 gewässerte Holz- oder Bambusspieße, Topf

1 Pfirsich häuten, entsteinen und achteln, Ananas schälen und in 8 Stücke schneiden, Bananen in 2 cm breite Stücke schneiden. Orange schälen und in 8 Stücke teilen.

2 Den Rum mit Zucker in einer großen Schüssel zu einer Marinade verrühren. Obststücke dort hineingeben, gut mit der Marinade vermengen und zugedeckt 1 Stunde kühl stellen.

3 Die Obststücke abwechselnd auf Spieße stecken. Die Marinade bei mittlerer Hitze in einem Topf aufkochen und dann bei schwacher Hitze 5 Minuten köcheln lassen, bis sie sirupartig eingekocht ist. Vom Grill nehmen, die Butter mit einem Schneebesen unterschlagen. Warm stellen.

4 Die Spieße über mittlerer direkter Hitze etwa 8–10 Minuten grillen, dabei mehrmals wenden, bis sie Farbe angenommen haben. Die Obstspieße auf kleinen Tellern mit der warmen Rumsauce beträufeln und servieren.

Variante Versuchen Sie auch einmal Trockenobstspieße. Dazu gemischte Trockenfrüchte etwa 1 Stunde mit Wasser bedeckt quellen lassen. Etwas abtrocknen, abwechselnd auf Spieße stecken und mit etwas Zitronensaft beträufeln.

Tipp

Natürlich können Sie den Rum bei diesem Rezept auch weglassen.

Palatschinken-Bananen-Spieße

2	Bio-Eier (mittelgroß, zimmerwarm)
250 ml	Milch (zimmerwarm)
2 EL	Zucker
1 Msp.	Salz
125 g	Weizenmehl
2	Bananen
16	kernlose Datteln
Außerdem	Grillpfanne, Butter oder Öl zum Herausbacken, 8–10 gewässerte Bambusspieße, ggf. Schokoladensauce

60 min

Tipp

Wer keine Zeit für die Vorbereitung der Palatschinken hat, kann auch fertige Crêpes aus dem Kühlregal nehmen.

1   Die Eier aufschlagen, mit der Milch verquirlen, den Zucker einrühren, ein Prise Salz dazugeben und gut verrühren. Das Mehl dazusieben und alles gut vermengen. Den Teig ca. 20 Minuten lang ruhen lassen.

2   Eine beschichtete Grillpfanne auf dem Rost erhitzen und dünn mit Öl ausstreichen. So viel Teig in die Pfanne geben, dass der Pfannenboden dünn bedeckt ist. Durch Herumschwenken der Pfanne den Teig gleichmäßig verteilen. Wenn die Oberseite trocken ist und die Unterseite Farbe bekommen hat, die Palatschinke wenden.

3   Bananen schälen und in 3 cm lange Stücke schneiden. Palatschinken ebenfalls in 3 cm breite Streifen schneiden.

4   Jeweils zwei Palatschinken-Streifen aufeinanderlegen und wellenförmig auf Spieße stecken, dabei in jeder Welle ein Stück Banane aufspießen.

5   An beide Enden des Spießes eine Dattel ohne Stein stecken, damit die Palatschinken nicht vom Spieß rutschen. Die Spieße bei mittlerer direkter Hitze insgesamt etwa 8 Minuten von allen Seiten grillen. Heiß servieren, dazu ggf. mit Schokoladensauce begießen oder zu Eis reichen.

Vegane Variante   Für vegane Palatschinken 250 ml zimmerwarme Sojamilch, 120 g Dinkelmehl, 1 Msp. Backpulver, 50 ml Mineralwasser, 2 EL Zucker, 1 Msp. Salz und 4 EL Öl mit dem Schneebesen gut vermengen und am besten in einer keramikbeschichteten Pfanne mit wenig Öl dünn herausbacken.

Bratäpfel bieten sich vor allem dann an, wenn im Herbst und Winter gegrillt wird. Mit etwas Rosenwasser, Aprikosen und Ingwer bekommt auch der einfachste Landapfel eine feine orientalische Note. Da kann jede „Pink Lady" einpacken.

15 Minuten vorbereiten
20 Minuten marinieren
20 Minuten grillen

Orientalische Bratäpfel mit Rosenwasser

40 g	kandierte Aprikosen
2 EL	kandierter Ingwer
1	Bio-Limette
40 g	Sultaninen
2 EL	Zucker
2 TL	Rosenwasser
4	große Äpfel (à ca. 150 g)
2	dicke Datteln (oder 4 getrocknete Aprikosen)
Außerdem	4 runde Porzellanschälchen (feuerfest) oder 4 Stück Alufolie (ca. 30 cm x 30 cm)

1 Aprikosen und Ingwer in feine Würfel schneiden. Limette heiß waschen, trocken reiben, dünn schälen und die Schale in sehr feine Streifen schneiden oder mit einem Zestenreißer schälen. Die Datteln quer halbieren und entkernen.

2 Aprikosen, Ingwer, Limettenschale, Sultaninen, Zucker und Rosenwasser sowie 4 EL Wasser mischen. 20 Minuten ziehen lassen.

3 Das Kerngehäuse der Äpfel mit einem Ausstecher entfernen. Mit den Dattelhälften (oder auch anderem Trockenobst) das Loch im Apfel auf der Unterseite verschließen. Die Füllung noch einmal kräftig mischen und in die Äpfel füllen. Jeden Apfel in ein Stück Alufolie wickeln. Bei geschlossenem Grill und mittlerer indirekter Hitze (ca. 160–180 °C) für 20 Minuten oder in der heißen Glut für etwa 12 Minuten braten. Nach Geschmack mit Sahne oder Vanilleeis servieren.

Variante Die Äpfel lassen sich natürlich auch mit anderen Zutaten füllen, zum Beispiel klassisch mit Rosinen und Mandelsplittern, ein wenig Zucker oder Honig und einem Stich Butter oder Margarine.

Tipp

Auch auf dem Grill kann man Bratäpfel in einer (verschließbaren) Auflaufform zubereiten. Das spart nicht nur Alufolie: Die brutzelnde Schale auf den Tisch zu stellen, ist ein fast schon feierlicher Abschluss des gemeinsamen Grillabends.

Reife Pfirsiche bringen schon roh ein umwerfendes Aroma mit. In Folie geschmort oder auch direkt auf dem Rost gegrillt, wird dieses noch einmal verstärkt. Ein Geschmack wie der pure Sommer!

20 Minuten vorbereiten
45 Minuten grillen

Geschmorte Pfirsiche mit Pistazien

4	reife Pfirsiche
4 EL	Pistazien (ungesalzen)
2 EL	Zucker
4 EL	Grand Marnier oder frisch gepresster Orangensaft
Außerdem	4 feuerfeste Porzellanschälchen (alternativ: 4 Stück Alufolie, ca. 20 cm x 20 cm)

1 Die Haut der Pfirsiche abziehen (ggf. 1 Minute in kochendes Wasser legen und abschrecken). Die Kerne entfernen, Pfirsichfleisch in grobe Würfel schneiden. Pistazien grob hacken.

2 Pfirsichwürfel, Pistazien, Zucker und Grand Marnier / Orangensaft vermischen und in die Auflaufförmchen geben oder in Alufolie wickeln.

3 Die Päckchen auf den Rost legen und für 8–10 Minuten bei mittlerer Hitze grillen.

Variante Gegrillte Pfirsiche schmecken auch sehr gut mit gesüßter Mascarpone, Vanillecreme oder Zabaione.

Tipp

Halbierte Pfirsiche können auch direkt auf den Rost gelegt werden und vertragen selbst größere Hitze. Ihre Haut sollte dann nicht abgezogen werden, so kann der Saft nicht austreten.

Flambieren ist ein echter Hingucker und gleichzeitig relativ einfach. Während der Alkohol verbrennt, verfeinern die Aromastoffe der Spirituose den Geschmack des Obstes. Großartig als Nachtisch für den Spätsommer.

1 g E, 0 g F, 23 g KH
122 kcal
8

15 Minuten vorbereiten
15 Minuten grillen

Warum nicht Orangen auf dem Rost veredeln und mit feinem Orangenlikör flambieren? Auch in Herbst und Winter lässt sich schließlich grillen – und solch ein Gaumenfest und Augenschmaus kreieren.

2 g E, 3 g F, 47 g KH
258 kcal
4

15 Minuten vorbereiten
12 Minuten grillen

Tipp

Werden die Zwetschgen nicht wie Löffel gestapelt aufgespießt, sondern wie „Lollis" auf einzelne Holzspieße gesteckt, sollten Sie einige Holzspieße mehr einplanen.

Flambierte Zwetschgenspieße

500 g	Zwetschgen
	Zucker
	Zimt
	Zwetschgenwasser oder brauner Rum (mind. 40 Vol.-%)
Außerdem	8 oder mehr gewässerte Holzspieße oder Metallspieße

1   Die Zwetschgen halbieren, die Steine entfernen. Zwetschgenhälften hintereinander – wie Löffel im Besteckkasten – auf Spieße stecken und bei mittlerer direkter Hitze 10–15 Minuten auf dem Grill garen. Als Serviervariante die Zwetschgenhälften wie Zwetschgenlollis „längs" auf die Spieße stecken.

2   Jeweils 2 Spieße auf einen feuerfesten Teller geben, den Teller auf den Grill stellen und wenige Minuten erwärmen.

3   Die Teller mit einem Handschuh vom Grill nehmen, die Spieße mit etwas Zucker und Zimt bestreuen und mit (ggf. etwas angewärmtem) Alkohol begießen. Schnell servieren, damit Teller und Obst nicht abkühlen. Unmittelbar vor dem Servieren den Alkohol mit einem langen Streichholz entzünden.

Variante   Die Zwetschgenspieße schmecken natürlich auch ohne Alkohol, nur mit Zimt und Zucker hervorragend. Mit Pflaumen statt mit Zwetschgen gelingen die Spieße nicht. Köstlich sind sie aber auch mit festen Aprikosen.

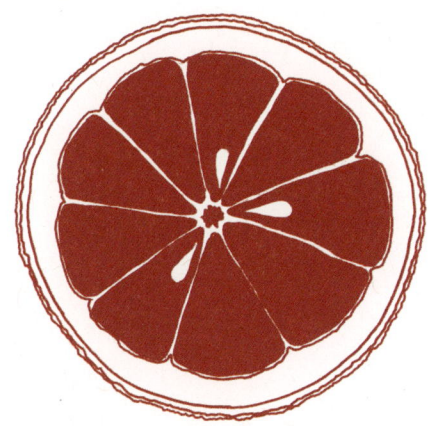

Grand-Marnier-Orangen

6 EL	brauner Zucker
1 TL	Zimt
4	Orangen
8–12 EL	Grand Marnier
20 g	Mandelblättchen
Außerdem	4 runde Porzellanschalen (feuerfest) oder 4 Stück Alufolie (ca. 25 cm x 25 cm)

1   Den Zucker mit dem Zimt mischen. Die Orangen schälen und die weiße Haut sorgfältig entfernen. In ca. 1 cm dicke Scheiben schneiden und im Zimtzucker wenden.

2   Orangen wieder zusammensetzen und einzeln jeweils in ein Schälchen oder auf ein Stück Alufolie setzen. Jeweils 2–3 EL Grand Marnier auf die Orangen geben. Mandelblättchen daraufstreuen. Ggf. die Folie verschließen und oben zusammendrehen.

3   Die Orangen bei mittlerer indirekter Hitze (ca. 160–180 °C) rund 10–12 Minuten grillen.

Variante   Statt Mandeln passen auch gehackte Haselnüsse sehr gut.

Polenta ist mehr als eine schmackhafte Beilage. Ruckzuck ist daraus ein vanillig-süßer Nachtisch gezaubert, der sich obendrein perfekt vorbereiten lässt.

40 Minuten vorbereiten
1 Stunde kühlen
6 Minuten grillen

Süße Polentaecken mit Vanilleeis auf Kirschspiegel

400 ml	Milch
1 Msp.	Salz
200 g	Polenta (Maisgrieß)
100 g	Zucker
1 Tütchen	Bourbon-Vanillezucker
1 TL	geriebene Zitronenschale
100 g	Zucker
500 g	entkernte Kirschen
150 ml	Kirschsaft
1 Msp.	Zimt
Ggf. etwas	Speisestärke
Etwas	Öl
Außerdem	200 g Vanilleeis, ggf. Grillpfanne

1 Milch mit der Prise Salz aufkochen und die Polenta einstreuen. 80 g Zucker, 1 Päckchen Vanillezucker und Zitronenschale zugeben und unter Rühren nochmals ganz kurz aufkochen lassen. Den Topf vom Herd ziehen und 10 Minuten ausquellen lassen. Polenta auf ein mit Backpapier ausgelegtes Blech etwa 2 cm dick verstreichen. Abgedeckt mindestens 1 Stunde kalt stellen.

2 Zucker in einer Grillpfanne hell karamellisieren lassen. Karamel mit Kirschsaft und Kirschen ablöschen. Ca. 5 Minuten leicht köcheln, danach pürieren. Das Püree mit Zimt und Zucker abschmecken. Bei Bedarf mit Speisestärke binden.

3 Polenta in Ecken oder Rauten von 5–6 cm Größe schneiden. Mit etwas Öl bestreichen und jede Seite etwa 2 Minuten grillen. In einer Grillpfanne beträgt die Grillzeit ca. jeweils 3–4 Minuten.

4 Polenta mit Eis und Kirschsoße auf einem Teller anrichten und sofort servieren.

Variante Für eine vegane Variante wird einfach die Kuhmilch durch Pflanzenmilch ersetzt. Sehr gut passt dabei z. B. die etwas süßliche Reismilch.

Tipp

Die Polentaecken eignen sich sehr gut als Beilage für einige der Desserts: etwa zu den geschmorten Pfirsichen (Seite 194), den Grand-Marnier-Orangen (Seite 197) oder den Bratäpfeln (Seite 192).

Grillpralinen waren eine Zeit lang fast schon ein Mythos: man hörte oft von ihnen, bekam sie aber selten zu sehen. Erstmals wurden sie 2007 auf der „Berlin BBQ" serviert. Sie bestehen aus einem dünnen Blätterteig (türkisch Yufka-, griechisch Filoteig) und zerkleinerter Schokolade.

15 Minuten vorbereiten
10 Minuten grillen

Schoko-Grillpralinen

25 min

6 Blatt	dreieckiger Yufka-Teig
	Rapsöl
12	kleine Schokoriegel oder Schokoladenrippen
Außerdem	Grillplatte oder Pizzastein

1 Yufka-Teig mit Öl einpinseln, damit er nicht reißt. Die Dreiecke halbieren, sodass 12 schmale Dreiecke entstehen.

2 Auf die Mitte jedes Teigstücks einen Schokoriegel legen. Den Teig links und rechts über den Schokoriegel einschlagen und zur Spitze hin aufrollen.

3 Die Teigröllchen nochmals mit Öl einpinseln und auf dem Stein bzw. der Grillplatte bei mittlerer Hitze indirekt für 8–10 Minuten ausbacken, bis sie goldgelb sind.

Variante Mit den Schokoladenstücken können auch Früchte wie Beeren, Bananenscheiben oder Apfelschnitze eingewickelt werden.

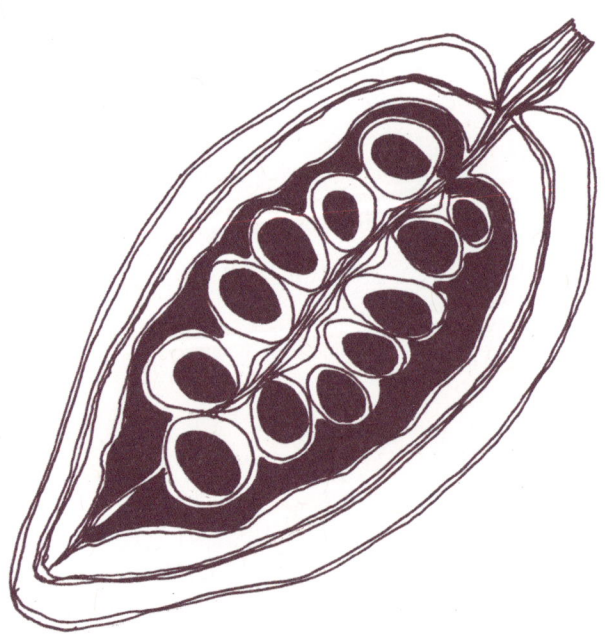

Tipp

Dazu passen alle Eissorten oder gesüßte Crème fraîche sowie Erdbeer- oder Himbeermark. Oder alles zusammen.

Register

A
Ajvar
Bagels mit mediterranem Grillgemüse 163
Schnelle Ajvar-Schafskäse-Paste 54

Ananas
Fruchtige Seitan-Spieße 93
Obstspieße mit Rumbutter 190

Äpfel
Orientalische Bratäpfel mit Rosenwasser 192
Tofu-Ecken mit Kochbananentalern an Erdnuss-Mango-Sauce 113

Aprikosen
Feta mit Aprikosen im Bananenblatt 135
Mit Risotto gefüllte Paprika an Tomaten-Aprikosen-Sauce 74
Orientalische Bratäpfel mit Rosenwasser 192

Auberginen
Auberginen und Zucchini mit Miso-Glasur 80
Bagels mit mediterranem Grillgemüse 163
Ratatouille-Päckchen 68

Austernpilze
Austernpilz-Souvlaki im Fladenbrot 166

Avocados
Bagels mit Kidneybohnenpattys 163
Chili-Käse-Avocado-Quesadillas 155
Gegrillte Avocados mit Salsa mexicana 32
Guacamole 55
Tofu-Gemüse-Fladen mit Rote-Bete-Hummus und Guacamole 161

B
Bananen
Bananen mit Schokolade 188
Erdnussbutter-Bananen-Tempeh-Sandwich à la Elvis 148
Feta mit Aprikosen im Bananenblatt 135
Obstspieße mit Rumbutter 190
Palatschinken-Bananen-Spieße 191
Tofu-Ecken mit Kochbananentalern an Erdnuss-Mango-Sauce 112

Basilikum
Basilikum-Aioli, vegane 60
Portobello-Burger mit veganer Basilikum-Aioli 150
Schnelle italienisch gefüllte Grilltomaten 79
Zucchiniröllchen alla genovese mit Mozzarella 123

Birne
Berglinsen-Birnen-Salat 29
Rote-Bete-Birnen-Carpaccio 30
Rot-grüner Couscous-Salat 22

Bohnen
Bagels mit Kidneybohnenpattys 163
Bohnen-Tomaten-Salat mit Halloumistreifen 131
Chimichangas mit Seitan-Ragout 152
Pikanter orientalischer Kartoffelsalat 25
Schwarze-Bohnen-Ziegenkäse-Quesadillas 155

Brokkoli
Asia-Gemüse-Tofu-Päckchen 114

Bulgur
Mit Bulgur gefüllte Ochsenherztomaten 79
Taboulé 42

C
Cashewkerne
Cashew-Ketchup 57
Scharfe Gemüsespieße 65

Champignons
Blauschimmel-Salbei-Champignons 141
Champignons mit Manchego und getrockneten Tomaten 141
Gefüllte Gemüsezwiebeln mit Couscous und Feta 86
Geschmorte Pilze 71
Portobello-Burger mit veganer Basilikum-Aioli 150
Scharfe Gemüsespieße 65
Schnelle Grillwurstspieße 99
Tofu Stroganoff 115

Couscous
Gefüllte Gemüsezwiebeln mit Couscous und Feta 86
Gefüllte Paprikaschoten mit Couscous, Mandeln und Datteln 70
Rot-grüner Couscous-Salat 22

Cranberrys
Rote Bete mit Ziegenkäse und Nüssen auf Feldsalat 67

D, E
Datteln
Gefüllte Paprikaschoten mit Couscous, Mandeln und Datteln 70
Orientalische Bratäpfel mit Rosenwasser 192
Palatschinken-Bananen-Spieße 191

Erdnüsse
Erdnussbutter-Bananen-Tempeh-Sandwich à la Elvis 148
Nusstofu-Mango-Spieße mit asiatischem Nudelsalat 111
Tofu-Ecken mit Kochbananentalern an Erdnuss-Mango-Sauce 112, 113
Tempeh-Saté-Spieße mit Erdnusssauce 93

F
Feigen
Camembert mit Calvados an Feigen und karamellisierten Nüssen 120
Halloumi und Feigen mit Chili-Thymian-Honig 128
Seitan-Feigen-Spieße 102

Feldsalat
Rote Bete mit Ziegenkäse und Nüssen auf Feldsalat 67

Fenchelknolle
Tomaten-Fenchel-Schafskäse-Schmaus 133

G
Glasnudeln
Nusstofu-Mango-Spieße mit asiatischem Nudelsalat 111

Grünkern
Klassischer Burger mit Grünkern-Linsen-Patty 165

Grünkohl
Kale-Chips 39

Gurke
Austernpilz-Souvlaki im Fladenbrot 166
Klassischer Burger mit Grünkern-Linsen-Patty 165
Panzanella mit veganem Grillkäse 126
Raclette-Schälchen mit Peperonispießen 136
Remoulade, vegane 60
Seitan-Tandoori-Spieße mit indischem Gurkensalat 95
Soja-Pfeffersteaks mit Schmorgurken 101
Tofu Stroganoff 115

I

Ingwer
Asia-Gemüse-Tofu-Päckchen 114
Auberginen und Zucchini mit Miso-Glasur 80
Berglinsen-Birnen-Salat 29
Erdnussbutter-Bananen-Tempeh-Sandwich à la Elvis 148
Fruchtige Seitan-Spieße 93
Indische Panir-Spieße „paneer tikka" mit Minzsauce 124
Kürbis mit Ingwer-Kokos-Glasur 83
Nusstofu-Mango-Spieße mit asiatischem Nudelsalat 111
Orientalische Bratäpfel mit Rosenwasser 192
Rot-grüner Couscous-Salat 22
Seitanfilets am Spieß mit Stachelbeerchutney 95
Tofu-Ecken mit Kochbananentalern an Erdnuss-Mango-Sauce 113
Würzige Tempeh-Mais-Spieße 108

J, K

Jalapeños
Chili-Käse-Avocado-Quesadillas 155
Chimichangas mit Seitan-Ragout 152

Kapern
Panzanella mit veganem Grillkäse 126

Kartoffeln
Bunte Kartoffelspieße 37
Bunte, krosse Kartoffelchips 37
Grillkartoffeln mit Kresse-Mousse 35
Grillkartoffeln mit wilder Frankfurter Grüner Sauce 65
Herbstgemüse-Päckchen 71
Kartoffelsalat mit Pesto und getrockneten Tomaten 24
Pikanter orientalischer Kartoffelsalat 25

Raclette-Schälchen mit Peperonispießen 136
Rosmarinkartoffeln 35
Rote Bete mit Ziegenkäse und Nüssen auf Feldsalat 67

Käse
Bergkäse
Zwiebelhälften mit würziger Käsefüllung 133
Blauschimmelkäse
Blauschimmel-Salbei-Champignons 141
Camembert
Camembert mit Calvados an Feigen und karamellisierten Nüssen 120
Cheddar
Gefüllte Piadine 156
geriebener Käse
Chili-Käse-Avocado-Quesadillas 155
Chimichangas mit Seitan-Ragout 152
Gorgonzola
Flammkuchen rot-weiß-grün 175
Pizza „Popeye" 172
Frischkäse
Zwiebelhälften mit würziger Käsefüllung 132
Halloumi
Bohnen-Tomaten-Salat mit Halloumistreifen 131
Halloumi und Feigen mit Chili-Thymian-Honig 128
Halloumi-Melonenspieße mit Limonenpfefferbutter 131
Manchego-Käse
Champignons mit Manchego und getrockneten Tomaten 141
Mozzarella
Mini-Calzone 173
Zucchiniröllchen alla genovese mit Mozzarella 123
Panir
Indische Panir-Spieße „paneer tikka" mit Minzsauce 124

Raclettekäse
Raclette-Schälchen mit Peperonispießen 136
Ricotta
Minikürbis mit Ricottafüllung 83
Schafskäse/Feta
Feta mit Aprikosen im Bananenblatt 135
Feta mit Wildkräutern auf Gemüsestreifen 135
Gefüllte Spitzpaprika mit Schafskäse 143
Gefüllte Tomaten mit Spinat und Schafskäse 143
Schnelle Ajvar-Schafskäse-Paste 54
Tomaten-Fenchel-Schafskäse-Schmaus 133
Zucchini-Schafskäse-Röllchen am Spieß 123
veganer Grillkäse
Panzanella mit veganem Grillkäse 126
Ziegenkäse
Rote Bete mit Ziegenkäse und Nüssen auf Feldsalat 67
Schwarze-Bohnen-Ziegenkäse-Quesadillas 155
Ziegenkäse an Rosmarin-Orangen-Honig im Weinblatt 138

Kichererbsen
Bagels mit Kidneybohnenpattys 163
Rote-Bete-Hummus 57

Kirschen
Süße Polentaecken mit Vanilleeis auf Kirschspiegel 198

Kohlrabi
Topinambursalat mit Orangen 27

Kokosmilch
Kürbis mit Ingwer-Kokos-Glasur 83
Tempeh-Saté-Spieße mit Erdnusssauce 93

Tofu-Ecken mit Kochbananentalern an Erdnuss-Mango-Sauce 113

Koriander
Gegrillte Avocados mit Salsa mexicana 32
Gefüllte Gemüsezwiebeln mit Couscous und Feta 86
Gegrillte Avocados mit Salsa mexicana 32
Guacamole 55
Nusstofu-Mango-Spieße mit asiatischem Nudelsalat 111
Rot-grüner Couscous-Salat 22
Schnelle Chili-Sauce 57
Seitan-Tandoori-Spieße mit indischem Gurkensalat 95
Tempeh-Saté-Spieße mit Erdnusssauce 93
Tofu-Ecken mit Kochbananentalern an Erdnuss-Mango-Sauce 113

Kresse
Grillkartoffeln mit Kresse-Mousse 35
Radieschen-Kresse-Dip 52

Kürbis
Kürbis mit Ingwer-Kokos-Glasur 83
Minikürbis mit Ricottafüllung 83

L

Lauch
Lauwarmer Lauchsalat 27

Limetten
Halloumi-Melonenspieße mit Limonenpfefferbutter 131
Maiskolben mit Limettenbutter 72
Orientalische Bratäpfel mit Rosenwasser 192
Petersilienwurzel-Wildkräuter-Flan mit Portulak an Limonenvinaigrette 179

Linsen
Klassischer Burger mit Grünkern-Linsen-Patty 165
Berglinsen-Birnen-Salat 29

M

Mais
Nusstofu-Mango-Spieße mit asiatischem Nudelsalat 111
Asia-Gemüse-Tofu-Päckchen 114
Maiskolben mit Limettenbutter 72
Schwarze-Bohnen-Ziegenkäse-Quesadillas 155
Würzige Tempeh-Mais-Spieße 108

Mandeln
Gefüllte Paprikaschoten mit Couscous, Mandeln und Datteln 70

Mangos
Fruchtige Seitan-Spieße 93
Gegrillte Mango mit veganer Panna cotta 188
Tofu-Ecken mit Kochbananentalern an Erdnuss-Mango-Sauce 113

Maronen
Spitzkohlrouladen mit Maronenfüllung und Salbei-Senf-Sauce 84
Nusstofu-Mango-Spieße mit asiatischem Nudelsalat 111

Meerrettich
Rote Bete mit Meerrettichdressing 67

Melone
Halloumi-Melonenspieße mit Limonenpfefferbutter 131

Minze
Austernpilz-Souvlaki im Fladenbrot 166
Indische Panir-Spieße „paneer tikka" mit Minzsauce 124
Minziger Kräuterquark 52
Schnelle Ajvar-Schafskäse-Paste 54

Möhre
Bagels mit Kidneybohnenpattys 163
Coleslaw – amerikanischer Krautsalat 25
Asia-Gemüse-Tofu-Päckchen 114
Herbstgemüse-Päckchen 71
Knusprige Möhrenchips 39
Nusstofu-Mango-Spieße mit asiatischem Nudelsalat 111

O

Oliven
Bohnen-Tomaten-Salat mit Halloumistreifen 131
Gefüllte Spitzpaprika mit Schafskäse 143
Gefüllte Zwiebeln mit Räuchertofu 104
Italienische Kräuterbutter 58
Ratatouille-Päckchen 68
Würzige Brotspieße 176

Orange
Geschmorte Pfirsiche mit Pistazien 194
Obstspieße mit Rumbutter 190
Grand-Marnier-Orangen 197
Topinambursalat mit Orangen 27
Ziegenkäse an Rosmarin-Orangen-Honig im Weinblatt 138

P

Paprika
Asia-Gemüse-Tofu-Päckchen 114
Bagels mit mediterranem Grillgemüse 163
Bunte Paprika-Frittata 170
Chili-Käse-Avocado-Quesadillas 155
Chimichangas mit Seitan-Ragout 152
Falsches Yakitori-Hähnchen am Spieß 106
Gefüllte Paprika mit Tofu und Spinat 96
Gefüllte Paprikaschoten mit Couscous, Mandeln und Datteln 70
Gefüllte Spitzpaprika mit Schafskäse 143
Gegrillte Pimientos de Padrón 29
Indische Panir-Spieße „paneer tikka" mit Minzsauce 124
Minikürbis mit Ricottafüllung 83
Mit Risotto gefüllte Paprika an Tomaten-Aprikosen-Sauce 74
Nusstofu-Mango-Spieße mit asiatischem Nudelsalat 111
Paprika-Walnuss-Paste 54
Ratatouille-Päckchen 68
Schnelle Grillwurstspieße 99
Soja-Schaschlik-Spieße 115
Tofu Stroganoff 115
Tofu-Gemüse-Fladen mit Rote-Bete-Hummus und Guacamole 161
Würzige Tempeh-Mais-Spieße 108

Pastinaken
Herbstgemüse-Päckchen 71

Peperoni
Bohnen-Tomaten-Salat mit Halloumistreifen 131
Raclette-Schälchen mit Peperonispießen 136
Scharfe Gemüsespieße 65
Zwiebelhälften mit würziger Käsefüllung 133

Pesto
Gefüllte Piadine 156
Kartoffelsalat mit Pesto und getrockneten Tomaten 24

Petersilienwurzel
Petersilienwurzel-Wildkräuter-Flan mit Portulak an Limonenvinaigrette 179

Pfirsich
Obstspieße mit Rumbutter 190
Geschmorte Pfirsiche mit Pistazien 194
Käsetörtchen aus dem Kugelgrill mit gegrillten Pfirsichen 186
Pfirsich-Amaretto-Traum 184

Pinienkerne
Blauschimmel-Salbei-Champignons 141
Gefüllte Paprikaschoten mit Couscous, Mandeln und Datteln 70
Gefüllte Tomaten mit Spinat und Schafskäse 143
Kartoffelsalat mit Pesto und getrockneten Tomaten 24
Mit Bulgur gefüllte Ochsenherztomaten 79
Zucchiniröllchen alla genovese mit Mozzarella 123

Pistazien
Geschmorte Pfirsiche mit Pistazien 194

Polenta
Pfeffrige Polenta-Taler 40
Süße Polentaecken mit Vanilleeis auf Kirschspiegel 198

Portulak
Petersilienwurzel-Wildkräuter-Flan mit Portulak an Limonenvinaigrette 179

Q, R

Quark
Austernpilz-Souvlaki im Fladenbrot 166
Käsetörtchen aus dem Kugelgrill mit gegrillten Pfirsichen 186
Minziger Kräuterquark 52
Radieschen-Kresse-Dip 52

Radieschen
Radieschen-Kresse-Dip 52

Räuchertofu
Gefüllte Zwiebeln mit Räuchertofu 104

Reis
Mit Risotto gefüllte Paprika an Tomaten-Aprikosen-Sauce 74

Reissirup
Falsches Yakitori-Hähnchen am Spieß 106

Rosenwasser
Orientalische Bratäpfel mit Rosenwasser 192

Rosmarin
Pikante Süßkartoffeln aus der Folie 44

Rosmarinkartoffeln 35
Rote Bete mit Ziegenkäse und
 Nüssen auf Feldsalat 67
Süßkartoffeln in Nuss-
 Steinpilz-Marinade 76
Ziegenkäse an Rosmarin-Oran-
 gen-Honig im Weinblatt 138
Rote Bete
Herbstgemüse-Päckchen 71
Rote Bete mit Meerrettichdres-
 sing 67
Rote Bete mit Ziegenkäse und
 Nüssen auf Feldsalat 67
Rote-Bete-Birnen-Carpaccio 30
Rote-Bete-Hummus 57
Rot-grüner Couscous-Salat 22
Tofu-Gemüse-Fladen mit Rote-
 Bete-Hummus und Guaca-
 mole 161
Rucola
Bagels mit Kidneybohnen-
 pattys 163
Flammkuchen rot-weiß-
 grün 175
Topinambursalat mit
 Orangen 27

S
Sake
Falsches Yakitori-Hähnchen am
 Spieß 106
Salbei
Blauschimmel-Salbei-Champi-
 gnons 141
Schokolade
Bananen mit Schokolade 188
Schoko-Grillpralinen 200
Seitan
Chimichangas mit Seitan-
 Ragout 152
Fruchtige Seitan-Spieße 93
Seitan-Feigen-Spieße 102
Seitanfilets am Spieß mit
 Stachelbeerchutney 95
Seitan-Tandoori-Spieße
 mit indischem Gurken-
 salat 95

Sellerie, Staudensellerie
Feta mit Wildkräutern auf
 Gemüsestreifen 135
Topinambursalat mit Oran-
 gen 27
Sesam
Sesamfladen 47
Soja, Sojamilch
Veggie-Steakbrötchen 164
Soja-Schaschlik-Spieße 115
Mayonnaise, vegane 60
Soja-Pfeffersteaks mit Schmor-
 gurken 101
Spinat
Gefüllte Paprika mit Tofu
 und Spinat 96
Gefüllte Tomaten mit Spinat und
 Schafskäse 143
Pizza „Popeye" 172
Spitzkohl
Spitzkohlrouladen mit Maronen-
 füllung und Salbei-Senf-
 Sauce 84
Sprossen
Bagels mit Kidneybohnen-
 pattys 163
Stachelbeeren
Flammkuchen rot-weiß-
 grün 175
Seitanfilets am Spieß mit
 Stachelbeerchutney 95
Steinpilze
Süßkartoffeln in Nuss-
 Steinpilz-Marinade 76
Süßkartoffeln
Herbstgemüse-Päckchen 71
Pikante Süßkartoffeln aus der
 Folie 44
Süßkartoffeln in Nuss-
 Steinpilz-Marinade 76

T
Tandoori-Paste
Indische Panir-Spieße „paneer
 tikka" mit Minzsauce 124
Seitan-Tandoori-Spieße mit indi-
 schem Gurkensalat 95

Tempeh
Erdnussbutter-Bananen-
 Tempeh-Sandwich à la
 Elvis 148
Tempeh-BBQ-Burger 158
Tempeh-Saté-Spieße mit
 Erdnusssauce 93
Würzige Tempeh-Mais-
 Spieße 108
Thymian
Halloumi und Feigen mit Chili-
 Thymian-Honig 128
Tofu
Asia-Gemüse-Tofu-Päck-
 chen 114
Gefüllte Paprika mit Tofu und
 Spinat 96
Nusstofu-Mango-Spieße mit
 asiatischem Nudelsalat 111
Tofu Stroganoff 115
Tofu-Ecken mit Kochbananen-
 talern an Erdnuss-Mango-
 Sauce 112
Tofu-Gemüse-Fladen mit
 Rote-Bete-Hummus und
 Guacamole 161
Tomate
Bagels mit Kidneybohnen-
 pattys 163
Barbecuesauce 55
Bohnen-Tomaten-Salat mit
 Halloumistreifen 131
Cashew-Ketchup 57
Champignons mit Manchego
 und getrockneten Tomaten
 141
Chimichangas mit Seitan-
 Ragout 152
Flammkuchen rot-weiß-
 grün 175
Gefüllte Tomaten mit Spinat und
 Schafskäse 143
Gegrillte Avocados mit Salsa
 mexicana 32
Guacamole 55
Hausgemachte Rostbrat-
 würste 99
Indische Panir-Spieße „paneer
 tikka" mit Minzsauce 124

Italienische Kräuterbutter 58
Kartoffelsalat mit Pesto und
 getrockneten Tomaten 24
Klassischer Burger mit Grün-
 kern-Linsen-Patty 165
Mini-Calzone 173
Mit Bulgur gefüllte Ochsenherz-
 tomaten 79
Mit Risotto gefüllte Paprika an
 Tomaten-Aprikosen-
 Sauce 74
Panzanella mit veganem Grill-
 käse 126
Pizza „Popeye" 172
Portobello-Burger mit veganer
 Basilikum-Aioli 150
Ratatouille-Päckchen 68
Schnelle Chili-Sauce 57
Schnelle italienisch gefüllte
 Grilltomaten 79
Schwarze-Bohnen-Ziegenkäse-
 Quesadillas 155
Taboulé 42
Tomaten-Fenchel-Schafskäse-
 Schmaus 133
Zucchini-Schafskäse-Röllchen
 am Spieß 123
Topinambur
Topinambursalat mit Oran-
 gen 27
Tortillas
Chili-Käse-Avocado-Quesadil-
 las 155
Chimichangas mit Seitan-
 Ragout 152
Schwarze-Bohnen-Ziegenkäse-
 Quesadillas 155

W
Walnusskerne
Camembert mit Calvados an
 Feigen und karamellisierten
 Nüssen 120
Herbstgemüse-Päckchen 71
Paprika-Walnuss-Paste 54
Rote Bete mit Ziegenkäse und
 Nüssen auf Feldsalat 67
Rote-Bete-Birnen-Carpaccio 30

Spitzkohlrouladen mit Maronenfüllung und Salbei-Senf-Sauce 84
Süßkartoffeln in Nuss-Steinpilz-Marinade 76
Topinambursalat mit Orangen 27

Weinblätter
Ziegenkäse an Rosmarin-Orangen-Honig im Weinblatt 138

Weißkohl
Coleslaw – amerikanischer Krautsalat 25
Tempeh-BBQ-Burger 158

Y, Z

Yufka-Teig
Schoko-Grillpralinen 200

Zucchini
Auberginen und Zucchini mit Miso-Glasur 80
Bagels mit mediterranem Grillgemüse 163
Ratatouille-Päckchen 68
Scharfe Gemüsespieße 65
Tofu-Gemüse-Fladen mit Rote-Bete-Hummus und Guacamole 161
Zucchiniröllchen alla genovese mit Mozzarella 123
Zucchini-Schafskäse-Röllchen am Spieß 123

Zuckerschoten
Asia-Gemüse-Tofu-Päckchen 114
Nusstofu-Mango-Spieße mit asiatischem Nudelsalat 111

Zwetschgen
Flambierte Zwetschgenspieße 197

Zwiebel
Gefüllte Gemüsezwiebeln mit Couscous und Feta 86
Gefüllte Zwiebeln mit Räuchertofu 104
Zwiebelhälften mit würziger Käsefüllung 133

Gefülltes
Blauschimmel-Salbei-Champignons 141
Chili-Käse-Avocado-Quesadillas 155
Gefüllte Gemüsezwiebeln mit Couscous und Feta 86
Gefüllte Paprika mit Tofu und Spinat 96
Gefüllte Paprikaschoten mit Couscous, Mandeln und Datteln 70
Gefüllte Piadine 156
Gefüllte Spitzpaprika mit Schafskäse 143
Gefüllte Tomaten mit Spinat und Schafskäse 143
Gefüllte Zwiebeln mit Räuchertofu 104
Mini-Calzone 173
Minikürbis mit Ricottafüllung 83
Mit Bulgur gefüllte Ochsenherztomaten 79
Mit Risotto gefüllte Paprika an Tomaten-Aprikosen-Sauce 74
Schnelle italienisch gefüllte Grilltomaten 79
Schoko-Grillpralinen 200
Schwarze-Bohnen-Ziegenkäse-Quesadillas 155
Spitzkohlrouladen mit Maronenfüllung und Salbei-Senf-Sauce 84
Ziegenkäse an Rosmarin-Orangen-Honig im Weinblatt 138
Zwiebelhälften mit würziger Käsefüllung 133

Ideal zum Mitnehmen
Asia-Gemüse-Tofu-Päckchen 114
Blauschimmel-Salbei-Champignons 141
Bunte Kartoffelspieße 37
Cashew-Ketchup 57
Champignons mit Manchego und getrockneten Tomaten 141
Feta mit Aprikosen im Bananenblatt 135
Fruchtige Seitan-Spieße 93
Gefüllte Paprika mit Tofu und Spinat 96
Gefüllte Spitzpaprika mit Schafskäse 143
Gegrillte Avocados mit Salsa mexicana 32
Geschmorte Pfirsiche mit Pistazien 194
Geschmorte Pilze 71
Halloumi-Melonenspieße mit Limonenpfefferbutter 131
Herbstgemüse-Päckchen 71
Italienische Kräuterbutter 58
Kartoffelsalat mit Pesto und getrockneten Tomaten 24
Naan-Brot 46
Pfeffrige Polenta-Taler 40
Pfirsich-Amaretto-Traum 184
Ratatouille-Päckchen 68
Rosmarinkartoffeln 35
Rote-Bete-Hummus 57
Scharfe Gemüsespieße 65
Schnelle Ajvar-Schafskäse-Paste 54
Schnelle Chili-Sauce 57
Schnelle Grillwurstspieße 99
Seitan-Feigen-Spieße 102
Soja-Schaschlik-Spieße 115
Taboulé 42
Tomaten-Fenchel-Schafskäse-Schmaus 133
Wildkräuterbutter 58
Würzige Tempeh-Mais-Spieße 108
Ziegenkäse an Rosmarin-Orangen-Honig im Weinblatt 138
Zucchiniröllchen alla genovese mit Mozzarella 123
Zucchini-Schafskäse-Röllchen am Spieß 123
Zwiebelhälften mit würziger Käsefüllung 133

Spieße
Auberginen und Zucchini mit Miso-Glasur 80
Austernpilz-Souvlaki im Fladenbrot 166
Bunte Kartoffelspieße 37
Falsches Yakitori-Hähnchen am Spieß 106
Flambierte Zwetschgenspieße 197
Fruchtige Seitan-Spieße 93
Halloumi-Melonenspieße mit Limonenpfefferbutter 131
Indische Panir-Spieße „paneer tikka" mit Minzsauce 124
Nusstofu-Mango-Spieße mit asiatischem Nudelsalat 111
Obstspieße mit Rumbutter 190
Palatschinken-Bananen-Spieße 191
Raclette-Schälchen mit Peperonispießen 136
Scharfe Gemüsespieße 65
Schnelle Grillwurstspieße 99
Seitan-Feigen-Spieße 102
Seitanfilets am Spieß mit Stachelbeerchutney 95
Seitan-Tandoori-Spieße mit indischem Gurkensalat 95
Soja-Schaschlik-Spieße 115
Tempeh-Saté-Spieße mit Erdnusssauce 93
Würzige Brotspieße 176
Würzige Tempeh-Mais-Spieße 108
Zucchini-Schafskäse-Röllchen am Spieß 123

Unter 30 Minuten

Auberginen und Zucchini mit Miso-Glasur 80
Bananen mit Schokolade 188
Blauschimmel-Salbei-Champignons 141
Cashew-Ketchup 57
Champignons mit Manchego und getrockneten Tomaten 141
Chili-Käse-Avocado-Quesadillas 155
Coleslaw – amerikanischer Krautsalat 25
Feta mit Aprikosen im Bananenblatt 135
Feta mit Wildkräutern auf Gemüsestreifen 135
Flambierte Zwetschgenspieße 197
Flammkuchen mit Gorgonzola und Stachelbeeren 175
Flammkuchen rot-weiß-grün 175
Gegrillte Pimientos de Padrón 29
Geschmorte Pilze 71
Grand-Marnier-Orangen 197
Guacamole 55
Halloumi und Feigen mit Chili-Thymian-Honig 128
Halloumi-Melonenspieße mit Limonenpfefferbutter 131
Italienische Kräuterbutter 58
Kale-Chips 39
Lauwarmer Lauchsalat 27
Minziger Kräuterquark 52
Pikante Süßkartoffeln aus der Folie 44
Pikanter orientalischer Kartoffelsalat 25
Radieschen-Kresse-Dip 52
Ratatouille-Päckchen 68
Rote-Bete-Birnen-Carpaccio 30
Rote-Bete-Hummus 57
Schnelle Ajvar-Schafskäse-Paste 54
Schnelle Chili-Sauce 57
Schnelle italienisch gefüllte Grilltomaten 79
Schoko-Grillpralinen 200
Topinambursalat mit Orangen 27
Wildkräuterbutter 58

Vegan

Asia-Gemüse-Tofu-Päckchen 114
Auberginen und Zucchini mit Miso-Glasur 80
Bagels mit Kidneybohnenpattys 163
Bagels mit mediterranem Grillgemüse 163
Barbecuesauce 55
Berglinsen-Birnen-Salat 29
Bunte Kartoffelspieße 37
Bunte, krosse Kartoffelchips 37
Cashew-Ketchup 57
Erdnussbutter-Bananen-Tempeh-Sandwich à la Elvis 148
Falsches Yakitori-Hähnchen am Spieß 106
Flambierte Zwetschgenspieße 197
Gefüllte Paprika mit Tofu und Spinat 96
Gefüllte Paprikaschoten mit Couscous, Mandeln und Datteln 70
Gefüllte Zwiebeln mit Räuchertofu 104
Gegrillte Avocados mit Salsa mexicana 32
Gegrillte Mango mit veganer Panna cotta 188
Gegrillte Pimientos de Padrón 29
Geschmorte Pfirsiche mit Pistazien 194
Geschmorte Pilze 71
Grand-Marnier-Orangen 197
Guacamole 55
Hausgemachte Rostbratwürste 99
Herbstgemüse-Päckchen 71
Kale-Chips 39
Klassischer Burger mit Grünkern-Linsen-Patty 165
Knusprige Karottenchips 39
Kürbis mit Ingwer-Kokos-Glasur 83
Mit Bulgur gefüllte Ochsenherztomaten 79
Nusstofu-Mango-Spieße mit asiatischem Nudelsalat 111
Orientalische Bratäpfel mit Rosenwasser 192
Panzanella mit veganem Grillkäse 126
Paprika-Walnuss-Paste 54
Pfeffrige Polenta-Taler 40
Piadine – italienische Brotfladen 47
Pikante Süßkartoffeln aus der Folie 44
Pikanter orientalischer Kartoffelsalat 25
Portobello-Burger mit veganer Basilikum-Aioli 150
Ratatouille-Päckchen 68
Rosmarinkartoffeln 35
Rote Bete mit Meerrettichdressing 67
Rote-Bete-Birnen-Carpaccio 30
Rote-Bete-Hummus 57
Rot-grüner Couscous-Salat 22
Scharfe Gemüsespieße 65
Schnelle Chili-Sauce 57
Schnelle Grillwurstspieße 99
Seitan-Feigen-Spieße 102
Seitanfilets am Spieß mit Stachelbeerchutney 95
Sesamfladen 47
Soja-Schaschlik-Spieße 115
Süßkartoffeln in Nuss-Steinpilz-Marinade 76
Taboulé 42
Tempeh-BBQ-Burger 158
Tempeh-Saté-Spieße mit Erdnusssauce 93
Tofu Stroganoff 115
Tofu-Gemüse-Fladen mit Rote-Bete-Hummus und Guacamole 161
Topinambursalat mit Orangen 27
Tortillas 47
Veggie-Steakbrötchen 164
Würzige Brotspieße 176
Würzige Tempeh-Mais-Spieße 108

© 2015 Stiftung Warentest, Berlin

Stiftung Warentest
Lützowplatz 11–13
10785 Berlin
Telefon 0 30/26 31–0
Fax 0 30/26 31–25 25
www.test.de
email@stiftung-warentest.de

USt.-ID-Nr.: DE136725570

Vorstand: Hubertus Primus
Weitere Mitglieder der Geschäftsleitung:
Dr. Holger Brackemann, Daniel Gläser

Alle veröffentlichten Beiträge sind urheberrechtlich geschützt. Die Reproduktion – ganz oder in Teilen – bedarf ungeachtet des Mediums der vorherigen schriftlichen Zustimmung des Verlags.
Alle übrigen Rechte bleiben vorbehalten.

Programmleitung: Niclas Dewitz

Autor: Torsten Mertz
Projektleitung: Friederike Krickel
Lektorat: Friederike Krickel, Johannes Tretau
Mitarbeit: Florian Ringwald, Dr. Karsten Treber
Korrektorat: Hartmut Schönfuß, Berlin
Gestaltung, Illustration, Bildredaktion:
Martina Römer, Berlin
Fotografie: Peter Schulte, Hamburg
Foodstyling: Julia Luck, Hamburg
Weitere Fotos: Wir danken folgenden Firmen für die Überlassung von Bildmaterial: BBQ-Scout GmbH: S. 11, 12, 13, Outdoochef Deutschland GmbH: S. 11 (Mitte)

Produktion: Vera Göring
Verlagsherstellung: Rita Brosius (Ltg.),
Susanne Beeh
Litho: bildpunkt, Berlin
Druck: Firmengruppe APPL, aprinta druck, Wemding

ISBN: 978-3-86851-417-9